Beate Westphal
unter Mitarbeit von Anne Jacoby

Eigentlich wär ich gern …

Wie Sie Ihre Talente zum Traumjob machen

Campus Verlag
Frankfurt/New York

ISBN 978-3-593-39096-3

Umschlaggestaltung: R. M. E, Roland Eschlbeck
Umschlagmotiv: © Getty images
Satz: Fotosatz L. Huhn, Linsengericht
Gesetzt aus Myriad Pro und ITC Legacy Serif
Druck und Bindung: Beltz Druckpartner, Hemsbach
Printed in Germany

Dieses Buch ist auch als E-Book erschienen
www.campus.de

Inhalt

Teil 3: In 100 Tagen zum Erfolg

Was ist das Wichtigste in Ihrem Leben?

In diesem Buch geht es um Sie. Tun Sie, was Sie lieben? Oder schleppen Sie sich jeden Morgen lustlos zur Arbeit, weil Ihnen Ihre Tätigkeit keinen Spaß macht? Oder stehen Sie vielleicht kurz vor Ihrem Berufseinstieg und haben nicht die leiseste Idee, was Sie mit Ihrem Leben anfangen wollen? Haben Sie vielleicht schon 17 Bücher zum Thema Berufswahl gelesen und suchen immer noch den Job fürs Leben? Suchen Sie Ihren Traumjob?

Dann haben Sie jetzt eine wundervolle Anleitung vor sich. Denn mit diesem Buch können Sie mit wenig Zeit und Aufwand das Muster Ihrer Talente entschlüsseln und schließlich Ihren Traumjob entdecken – kurz: Ihre Talente zu Ihrem Traumjob machen. Ich bin zutiefst überzeugt davon, dass in Ihnen Ihr ganz individueller Traumjob verborgen ist und dass wir diesen gemeinsam entdecken können. Sie müssen also gar nichts mühsam erfinden oder entwickeln – alles ist schon da! Sie brauchen bloß mit der Detektivlupe draufzuschauen. Und schon nach kurzer Zeit werden Sie die Worte finden, die den Satz »Eigentlich wär ich gern …« endlich vervollständigen.

Dazu braucht es ein bisschen Mut. Denn die allermeisten Menschen, die Sie kennen, arbeiten *nicht* in ihrem Traumjob und finden das völlig normal. Laut einer aktuellen Online-Umfrage des Karriereportals Monster gehen 92 Prozent (!) der Deutschen nicht ihrem Traumjob nach. Warum? Die meisten glauben, sie könnten sich ihren Traumjob nicht leisten, andere meinen, sie hätten keine Zeit, um sich die notwendigen Kenntnisse anzueignen, oder ihnen fehle die Unterstützung.

Was würden Sie tun, um Ihren Traumjob zu bekommen?

Wenn ich es mir finanziell leisten könnte, würde ich sofort meinen Job aufgeben und meinen Traum verfolgen.	49 Prozent
Wenn ich die Zeit hätte, würde ich mir sofort die nötigen Kenntnisse und Fähigkeiten für meinen Traumjob aneignen.	33 Prozent
Ich müsste mir Unterstützung suchen – allein traue ich mir das nicht zu.	10 Prozent
Ich habe schon meinen Traumjob.	8 Prozent

Quelle: Monster, Meldung vom 15. Februar 2010. Nicht repräsentative Umfrage unter 3 580 Nutzern von www.monster.de in Deutschland, Österreich und der Schweiz.

Ich bin Beate Westphal, Keksbäckerin und Traumjobdetektivin. Jeden Morgen jogge ich einmal um die Museumsinsel herum, überquere dabei zweimal die Spree und atme tief die Berliner Luft, die mich seit meiner Geburt in dieser Stadt begleitet und inspiriert. Mitten in Berlin habe ich mir meinen Traum verwirklicht. Dort lebe und arbeite ich und bringe seit einigen Jahren Menschen auf den Weg, loszugehen und sich ihren eigenen Traum zu erfüllen.

Die wirtschaftliche Basis dafür liefern meine Leidenschaft für gutes Essen und der Spaß am Rechnen. Die Idee: Backen und Verkaufen von handgefertigten Keksen. Das Gebäck ist für Konferenztische und Veranstaltungen Berliner Unternehmen bestimmt und fand von den ersten Lieferungen an große Resonanz. Das Kekssortiment umfasst mehr als 50 verschiedene Sorten, die sorgfältig ausgewählt und liebevoll in Dosen verpackt an über 100 Firmenkunden in Berlin geliefert werden.

Inzwischen ist aus meiner Keksbäckerei ein kleiner Keksladen und gleichzeitig ein gemütlicher Seminarraum geworden. Dorthin kommen Traumjobsuchende zu einem der Berufsfindungsseminare und viele Interessierte zu den Informationsgesprächen über die Traumjob-Box.

Vielen kann ich mit meinem Berufsfindungsprogramm »Traumjobdetektiv« konkret weiterhelfen. Gemeinsam mit den Traumjob-suchenden lege ich Fähigkeiten, Vorlieben und Neigungen frei. Auf dieser Grundlage entwickeln wir dann die Idee, welcher Beruf oder welche unternehmerische Idee richtig gut passt und danach ruft, verwirklicht zu werden.

Ich begegne dadurch Menschen jeden Alters, die unterschiedlicher nicht sein könnten – doch alle sind auf ihre Art kreativ, eigen, anders. Das fasziniert mich. Und alle haben Dank der Berufsfindungsgespräche eines gemeinsam: Eine Idee, die es umzusetzen gilt.

Ich bin überzeugt davon, dass jeder seinen persönlichen Traumjob finden kann. Denn, ist es nicht das Wichtigste im Leben, seiner Berufung zu folgen? Nichts freut mich jedenfalls mehr als Menschen, die sich fragen: »Was wär ich gern …?« – und nach einer Beratung im »Talentcafé« oder nach der Lektüre dieses Buches sagen können: »Das ist meine Idee!« Mit diesem Buch möchte ich Sie dazu verführen, sich auf die heiße Spur zu Ihrem eigenen Traumjob zu begeben.

Man nehme: Ein Café – und eine Traumjobdetektivin

Warum ein Café? Es gibt keine bessere Umgebung für gute Gedanken, finde ich. Ein Café ist ein wunderbarer Ort, um konzentriert nachzudenken, um intensiv miteinander zu sprechen, um sich gegenseitig Mut zu machen, um Ideen zu entwickeln und Pläne zu schmieden. Um über Menschen zu sprechen, die man bewundert, und um über solche zu tratschen, die einen irritieren.

Das »Talentcafé« in Berlin ist so ein Ort – aber es muss nicht unbedingt dort sein. Besuchen Sie Ihr allerliebstes Lieblingscafé – und wenn es den einzig wahren Kaffee (oder Tee) bei Ihnen zu Hause gibt, dann setzen Sie sich einfach dort in Ruhe an Ihren Lieblingsplatz. Ich bin überzeugt davon, dass Menschen, die ein Problem lösen müssen (»Welchen Job will ich eigentlich haben?« – »Mitten in der Wirtschaftskrise kündigen?« – »Soll ich studieren oder nicht?« – »Wage ich den Schritt in die Selbstständigkeit?«) dies viel lieber an einem schönen Cafétisch tun als auf dem Besucherstuhl eines Beraters. Deshalb arbeite ich im Café. Und deshalb bezeichne ich mich selbst nicht als Beraterin, sondern als Traumjobdetektivin. Wobei ich mich – mit Backschürze – nicht gleich zu erkennen gebe. Ich arbeite sozusagen undercover …

Der Traumjobdetektiv findet die Spur zu Ihrem Traumjob. Dabei ist es allerdings nicht so wichtig, wer genau in diese Rolle schlüpft. Das kann ich sein – hier, in meinem Café, per Telefon oder per Mail – oder Sie selbst. In diesem Buch lernen Sie, wie Sie diese Rolle des Traumjobdetektivs einnehmen und mit der Detektivmethode Ihren Traumjob finden.

Zu Beginn schauen wir uns gemeinsam an, warum die Suche nach dem richtigen Job heute so schwierig ist. Wir wagen einen Blick zurück in Kindergarten und Schule, um herauszufinden, wie früh wir eigentlich schon nicht mehr wussten, was wir wirklich wollten. Und anschließend trauen wir uns auf den Arbeitsmarkt.

Dann entdecken wir etwas ganz besonderes, mit dem man auch noch Geld verdienen kann: den Flow im Beruf.

Wir widmen uns der Hirnforschung und den Geheimnissen der Selbstorganisation. Letztendlich geht es nämlich um die Ordnung in Ihrem Kopf – das ist der wichtigste Schlüssel zu Ihren Talenten und damit zu Ihrem Traumjob.

Alles zur Detektivmethode erfahren Sie im Teil 2 ab Seite 49. Wenn Sie es eilig haben, können Sie direkt dorthin springen und gleich mit Ihrer persönlichen Berufsfindung starten. Neun Detektivfragen erwarten Sie. Hier können Sie sich auch einen Assistenten oder Hilfsdetektiv mit an den Cafétisch holen – Ihren persönlichen Dr. Watson, zum Beispiel in Form eines guten Freundes, Ihrer liebsten Schwester oder eines netten Nachbarn –, ganz wie Sie wollen. Nehmen Sie sich am besten für jede Frage fünf Minuten Zeit und schreiben Sie die Antworten auf. Aus Ihren Antworten entsteht nach und nach ein Bild, das Sie schon immer so konkret sehen wollten:

ein Wortgemälde, das den Beruf beschreibt, der Sie glücklich macht. Schon nach nur einer Stunde sind Sie Ihrem Traumjob auf der Spur!

Vorbilder beflügeln uns oft, deshalb erfahren Sie in dem darauffolgenden Kapitel des Buches mehr über zehn völlig verschiedene Traumjobsuchende, die mit der Traumjob-Box im Talentcafé gearbeitet haben und ganz verblüffende Berufe entdeckten.

Nachdem Sie das Geheimnis Ihres Traumjobs gelüftet haben, schauen wir uns im dritten Teil den Weg zur Verwirklichung Ihres Ziels an und schmieden Ihren ersten 100-Tage-Plan zum Erfolg!

Klingt das zu schön, um wahr zu sein? Keinesfalls. Kommen Sie mit auf Spurensuche, entdecken Sie Ihren Traumjob und tun auch Sie das, was Sie lieben!

Wie ich Traumjobdetektivin wurde

Vielleicht fragen Sie sich, wie jemand wie ich auf die merkwürdige Idee gekommen ist, ausgerechnet Traumjobdetektivin zu werden – und was Kekse dabei für eine Rolle spielen. Das hat etwas mit meinem eigenen Lebenslauf zu tun:

Als ich 15 war, wollte ich Herzchirurgin werden. Menschen praktisch zu helfen, damit es ihnen gut geht – diese Vorstellung machte mich tief im Innersten froh. Und mit meinem Notendurchschnitt von 1,0, so dachte ich, könnte ich einfach durchstarten. Doch in der ehemaligen DDR durfte man nicht einfach den Job ergreifen, von dem man träumte – zumindest nicht ohne Parteibuch. Aus der Traum. Ich war ratlos.

Dann kam mir eine Besonderheit meiner Ost-Biografie zu Hilfe. Als ich ein Kind war, wurde ich für das Leistungstraining im Hürdenlauf entdeckt. Was ich damals gelernt habe, ist erstens, mich von keiner Hürde abschrecken zu lassen, und zweitens, Trainingspläne aufzustellen und einzuhalten.

An diese Kompetenz knüpfte ich erstmal an, als ich mich schließlich dazu entschied, Lehrerin für Sport und Mathematik zu werden.

Für mich war das wie eine »Ausweichberufsausbildung«. Es hätte schlimmer kommen können, ja, aber eine schöne Erfahrung war das trotzdem nicht. Mein Glück: Kurz vor Studienende kam die Wende.

Der erste 1 000-Tage-Plan und die Bea-Aktie

Ich war 20, beendete trotz Wende mein Studium und wusste im selben Moment, mein Abschluss war nichts mehr wert. Doch genau das eröffnete mir die Chance, eine neue Richtung einzuschlagen. Mit meinem Abschluss durfte ich zwar nur pädagogische Fächer studieren – aber ansonsten hatte ich die freie Wahl. Deshalb schrieb ich mich an der Freien Universität Berlin für Wirtschaftspädagogik ein, zwei Jahre später studierte ich zusätzlich Kultur- und Medienmanagement. Herrlich. Doch das Hochgefühl hielt nicht lange an. Die Politik stand mir zwar nicht mehr im Wege – dafür versperrte mir eine neue Hürde den Weg zu meinem Traumjob: Geldmangel.

Mir blieb nichts anderes übrig, als mir mein Studium komplett selbst zu finanzieren – was einerseits ziemlich stressig, andererseits aber auch sehr interessant war. Wie sonst hätte ich die Möglichkeit gehabt, selbst zu testen, wie sich Jobs im Fitnessstudio anfühlen, wie es sich im Büro arbeitet oder im Theater oder hoch in der Luft, als Fensterputzerin? Solange ich ein Semester nach dem anderen absolvierte, klappte das alles ganz gut. Doch als ich dann zwei Examensarbeiten schreiben musste, ging die Rechnung nicht mehr auf: Ich hatte nicht mehr genug Zeit, um genug Geld zu verdienen.

Als Hürdenläuferin habe ich gelernt, Hindernisse zu überwinden, mit meinem Faible für Mathematik habe ich Spaß daran, verzwickte Aufgaben zu lösen, und mit meinem frisch gelernten Wirtschaftswissen wusste ich, was Unternehmen machen, die eine Idee verwirklichen wollen, obwohl die finanziellen Mittel fehlen: Sie schmieden einen Plan und … geben Aktien aus. Es schien mir etwas ungewöhnlich zu sein, aber nichts und niemand hielt mich davon ab, genau das Gleiche zu tun.

Mein erster 1 000-Tage-Plan sah vor, dass ich beide Studiengänge innerhalb dieser Zeitspanne erfolgreich abschließe. Über das Projekt »Bea AG Butterfly Company« gab ich Bea-Aktien aus. 40 Freunde, Bekannte und viele Menschen, die ich überhaupt nicht kannte, fanden die Idee so gut, dass sie Aktien für insgesamt 50 000 D-Mark kauften. Ich schrieb zwei Diplomarbeiten über Fundraising – einmal für Kulturprojekte und einmal für Hochschulentwicklung –, absolvierte die Prüfungen und beendete erfolgreich meine Studienzeit.

Der nächste Schritt, den auch viele meiner Studienkollegen gingen, wäre ein Praktikum bei einem renommierten Unternehmen gewesen, besser noch: bei mehreren renommierten Unternehmen. Doch damit konnte ich kein Geld verdienen.

Mit 27 Jahren nahm ich meine nächste Hürde: Um meinen Anteilseignern nach 1 000 Tagen ihre Einlagen zurückzuzahlen, wie es meine Bea AG-Satzung vorschrieb, machte ich mich als Marketing-Beraterin für Fundraising selbstständig. In meinem Fokus standen vor allem kulturelle Projekte und Fundraising für Hochschulen.

Wie backe ich mir meinen Traumjob?

Mit 28 lief dann alles nach Plan – und doch alles schief. Der Grund: meine Ungeduld. Ich hatte wunderbare Projektpläne geschrieben, und was passierte bei meinen Auftraggebern? Wenn überhaupt etwas, dann nur ganz langsam ganz wenig. Das reichte mir nicht. »Ich will etwas anderes machen!«, sagte ich laut, »etwas ganz anderes!« Ich wollte ein eigenes, gutes, schönes Projekt aufbauen und Erfolge sehen.

Bis dahin hatte ich mich schon so oft damit auseinandergesetzt, was ich will, soll und darf, und die Rechnung ging immer noch nicht auf. In diesem Moment wollte ich mich nicht noch einmal hinsetzen und grübeln. Ich wollte einen anderen Weg gehen. Ich wollte

»den Fall Beate Westphal« ein für alle Mal lösen. Wie in einem guten Krimi. Und genau das war der Schlüssel zum Erfolg: Ich schlüpfte in die Rolle einer Traumjobdetektivin, um dem Geheimnis der Berufsfindung auf die Spur zu kommen. So begann alles.

Auf der Suche nach meinem Traumjob dachte ich zuerst zurück an meine Unizeit. 40 Menschen hatten an mich geglaubt, an meine Talente, an meine Fähigkeiten und an meinen Willen, den 1000-Tage-Studierplan umzusetzen. 40 Menschen haben mir vertraut und mich unterstützt. Diese Erfahrung ist mir unter die Haut gegangen. So sehr, dass ich zu diesem Punkt zurückkommen und diese Erfahrung weitergeben wollte. Meine Idee: Andere Menschen auf der Suche nach ihrem Traumjob zu unterstützen und ein besonderes Projekt der Berufsberatung zu starten. Ich wollte für andere das tun, was ich zu diesem Zeitpunkt für mich selbst tat: Traumjobdetektivin sein. Ich spürte ganz tief in meinem Bauch, dass das mein eigener Traumjob war.

Doch woher sollte ich das Kapital für andere Traumkarrieren nehmen? Ich stand ja selbst mit ziemlich leeren Taschen da. Mir war ganz schnell klar, dass ich eine Bank, so wie ich sie brauchte, neu erfinden musste. Dabei halfen mir Eindrücke, die ich während meiner Zeit als Marketingberaterin besonders eindringlich erlebt habe. Einer dieser Eindrücke war – und das klingt fast ein bisschen komisch –, wie Businessleute mit Keksen umgehen. Zum einen in Konferenzen. Hier stehen regelmäßig Kekse auf den Tischen, die viel zu süß, viel zu groß, viel zu krümelig und beim Kauen viel zu laut sind. Ich habe mit geradezu detektivischem Interesse Mitarbeiter beobachtet, die umständlich hinter vorgehaltener Hand Konferenzkekse knabberten, Krümel heimlich unter Untertassen schoben und die köstlichsten Schokoladenkekse aus lauter Sorge vor Schokoflecken auf Hemdsärmeln und Handouts liegen ließen.

Ganz anders dann die gleichen Mitarbeiter, wenn sie mit mir – jetzt ohne Meeting-Etikette – Ein- oder Ausstand feierten. Ich brachte jedes Mal einen Nusskuchen mit und konnte es kaum glauben, wie glücklich alle schauten, wenn sie in meinen Nusskuchen bissen.

Mit meinem Spürsinn entdeckte ich aber nicht nur die enge Verbindung von Nadelstreifen und Nusskuchen, sondern auch die Verbindung von Beate und Backblechen: Offenbar konnte ich gut backen! Gut, ich wusste, dass ich ziemlich geschickt bin und dass mich dieses Talent mit meinem Vater verbindet, der ein leidenschaftlicher Tüftler ist. Mein Backtalent war mir aber vorher nie aufgefallen. »Nun«, dachte ich mir, »wenn ich so ein Talent habe, dann mache ich was draus. Aber auf meine Art.«

So kam ich auf die Idee, Kekse zu backen. Konferenzkekse für die Tische der Entscheider. Kekse, die Umsatz bringen. Kekse, die die Grundlage für eine Bank sein könnten. Eine Keksbank. Das klang verrückt, aber ich hatte das Gefühl, dass es funktionieren könnte. Mit Fundraising hatte ich mich in zwei Diplomarbeiten beschäftigt – und die Sache mit den Keksen lief auf etwas Ähnliches hinaus.

Ich setzte mich hin und skizzierte den nächsten 1 000-Tage-Plan. Ich wollte eine Keksbäckerei gründen, eine Keksbank und schließlich eine Berufsberatung. Das Startkapital reichte für 100 Tage. Und weil Berlin meine Kekse mochte, backte ich immer mehr. Ich backte morgens, mittags, abends und manchmal backte ich auch die ganze Nacht durch. Ich hatte Muskelkater vom Teigkneten. Das war 2001.

Nach drei Jahren konnte ich endlich das ins Auge fassen, auf das ich hingebacken hatte: die »Berliner Traumjobs«, Seminare, mit denen Menschen ihren individuellen Traumjob entdecken. Die Idee: Auf den Backblechen der Keksbäckerei entsteht das Kapital für die Keksbank. Dieses Kapital fließt als Stipendium an junge Leute weiter, die die Kursgebühren gerade nicht aufbringen können.

Heute bin ich 40. Aus der kleinen »Hofbäckerei« ist die Keksbank mit einem Café geworden. Es heißt »Talentcafé« und dient zugleich als Seminarraum. Hier arbeiten mehrere professionelle Traumjobdetektivinnen und -detektive, Keksbäckerinnen und -bäcker in einem Raum. Am großen Tisch spüren morgens die Traumjobdetektive erstaunlichen Berufen nach, und die Keksbäcker sorgen tagsüber an den Backblechen für eine gemütliche Caféatmosphäre und ständigen Nachschub an Nervennahrung. So habe ich mir meinen Traumjob selbst geschaffen: eine Kombination aus Bäckerin, Beraterin und Bankerin.

Teil 1

Warum es so schwer ist, den richtigen Job zu finden

Warum wir werden, was wir sind

Es ist früh am Morgen, ich habe mir einen Kaffee gekocht und blättere durch die Zeitung. Politik, Wirtschaft, Kultur, Sport – auf jeder Seite berichten Menschen, die sicherlich einem spannenden Beruf nachgehen, über andere Menschen mit spannenden Berufen. Es gibt so viele schöne Berufe! Aber warum ist es eigentlich so schwer, den richtigen für sich selbst zu finden? Das möchte ich jetzt zusammen mit Ihnen herausfinden. Wann beginnt dieser Prozess eigentlich? Und wo?

Der typische Werdegang

Auf dem Weg zum Büro suche ich die nächstbeste Kita. Da ist eine – sieht ganz typisch aus: große Fenster, bunt beklebt, auf den ersten Blick wirkt das alles sehr freundlich. Ich halte an, um diesen Schauplatz genauer unter die Lupe zu nehmen.

Kindergarten

An den Fenstern prangen 20 identisch schielende Clowns neben 20 gleichen Sonnen. Warum basteln die Kinder identische Papierfiguren? Haben sie nichts Besseres zu tun? Interessiert es die Erzieher nicht, auf welche kreativen Ideen die Kinder von alleine kommen würden, wenn man sie nur ließe? Geben sie lieber vorgeschnittene Bastelbögen aus, damit sie später garantiert ein Ergebnis zum Vorzeigen haben und nicht so viel kreatives Chaos im Werkraum?

Gibt es nicht auch Kitas, die anders arbeiten? Stichworte wie Montessori und Waldorf gehen mir durch den Kopf. In Berlin hat die Heinz-und-Heide-Dürr-Stiftung in Kooperation mit dem Pestalozzi-Fröbel-Haus ein Modellprojekt zum Aufbau von Early Excellence Centres (EEC) begonnen. Die Idee: Jedes Kind ist exzellent, ist einzigartig und hat ganz besondere Stärken. Der Early-Excellence-Ansatz verpflichtet, diese Stärken zu erkennen und zu fördern. Das klingt doch wunderbar.

Dann bin ich im Büro angekommen, klappe meinen Laptop auf und suche nach Zusammenhängen, nach dem passenden Stichwort. Nach kurzer Zeit habe ich es entdeckt: *selbstgesteuertes Lernen*. Konzepte des selbstgesteuerten Lernens sind eine Alternative zum vorherrschenden fremdbestimmten Lernen; ihnen liegt ein offener, entdeckendes Lernen fördernder und individualisierter Unterricht zugrunde – für Schulen ebenso wie für Kitas.

Aha: Fremdbestimmung statt Selbstbestimmung. Hier liegt das Problem. Geht es so in der Schule weiter? Im Geiste durchwandere ich meine alten Schulflure.

Schule

Es gibt sie zwar, Montessori-, Waldorf- und Freie Schulen, die Kindern die Chance zu selbstgesteuertem Lernen geben. Sie lassen die Kinder das lernen, was sie selbst interessiert, und zwar auf eine Weise, die sie sich selbst aussuchen. Die meisten Einrichtungen in Deutschland arbeiten allerdings nicht so.

Genau wie die meisten Kitas unterstützen auch Schulen in der Regel nicht die *Selbstorganisation* der Schüler. Lehrpläne und Leistungsanforderungen stehen im Vordergrund. Vermittelt wird Faktenwissen im 45-Minuten-Takt. Eigenständiges Experimentieren und Problemlösen, kooperatives oder selbstorganisiertes Arbeiten finden kaum statt. So bringt es die Schule schon früh fertig, Motivationen zu untergraben – und Talente zu verschütten.

In meinem Bücherregal finde ich ein Buch der Schweizer Psychologin Ulrike Stednitz: *Mythos Begabung.* Darin steht, dass die meisten Abiturienten »nach Jahren der akademischen Zwangsfütterung einen Zustand erleben, der einem Burnout sehr nahe kommt«. So haben viele Schüler am Ende ihrer Laufbahn zwar ihren Abschluss geschafft, wissen nach endlosen Jahren der Fremdbestimmung in diversen Kindererziehungsinstitutionen aber überhaupt nicht mehr, was sie selbst mit ihrem Leben anfangen wollen! Laut Ulrike Stednitz glauben viele Eltern, dass sich bei den Kindern mit dem Schulabschluss automatisch ein den Interessen entsprechender Berufs- oder Studienwunsch einstelle. Doch wie soll das möglich sein, wenn individuelle Talente und Interessen schon bei Kleinkindern systematisch ignoriert werden? Und – ein anderer Knackpunkt – wenn Schulabgänger aus bürokratischen Gründen nicht das Studium oder die Ausbildung beginnen können, für die sie Talent und Leidenschaft mitbringen?

Universität

Wie entscheiden sich Schulabgänger eigentlich für ein Studium? Wissen Sie noch, liebe Leserin, lieber Leser, was für Ihre Entscheidung ausschlaggebend war? Oder haben Sie diesen Schritt vielleicht noch vor sich und wissen im Moment überhaupt nicht, wie Sie diese Entscheidung fällen sollen?

Ich gehe im Geiste meinen Bekanntenkreis durch. Manche wählten ein Fach, das ihnen »vernünftig« oder »sicher« erschien, Betriebswirtschaft zum Beispiel, andere studierten das, was schon der Vater studiert hatte oder der beste Freund auch studierte. Vor zehn Jahren war das noch nicht so tragisch. Fehlentscheidungen ließen sich leicht korrigieren, als es noch keine Studiengebühren gab und keine straff organisierten Bachelor- und Masterprogramme.

Heute sieht das anders aus: Die Entscheidung für ein bestimmtes Studium richtet sich sehr oft nicht nach dem ersehnten Traumjob, sondern allein danach, was überhaupt möglich ist. Welche Fächer stehen mit dem eigenen Abschluss und Notendurchschnitt überhaupt offen? Ist genug Geld da, um gegebenenfalls in eine andere Stadt zu ziehen? Und welcher Studiengang führt überhaupt einigermaßen sicher in einen Job?

2009 machten Studenten mit Blockaden und Demonstrationen in über 35 Städten ihrem Ärger über Studiengebühren Luft, über die Art der Umsetzung des Bologna-Prozesses und die Bachelor- und Master-Reform, die eine Beschränkung der Regelstudienzeit und die generelle Verschulung des Hochschulstudiums mit sich gebracht hat – sprich: eine weitere Beschneidung jeglichen selbstorganisierten Lernens.

Ich sehe aus meinem Fenster. Keine Demo in Sicht. Wer als Student derzeit nicht auf der Straße kämpft, denke ich, der kämpft sich durch dicht gedrängte Prüfungen, quetscht sich in überfüllte Hörsäle, zahlt Gebühren auch für die Semester, in denen er keinen Seminarplatz ergattern konnte, und hofft auf einen der raren Master-Studienplätze oder zumindest auf einen Praktikumsplatz bei einem Unternehmen, das sich im Lebenslauf ganz toll liest.

Ausbildung

Nicht jeder studiert, viele durchlaufen auch Lehrjahre, die, je nach Ausbildungsbetrieb, mehr oder weniger Möglichkeit zur Selbstentfaltung bieten. In manchen Betrieben übernehmen Auszubildende schon früh verantwortungsvolle Aufgaben, in anderen werden sie bis zur Abschlussprüfung als Handlanger betrachtet. Dann geht es weiter auf den Arbeitsmarkt – wobei die meisten zwischen Prüfung und erstem Arbeitsvertrag eine Durststrecke überleben müssen.

Job

Und dann: Hurra! Ein Job! Zuerst ist die Freude groß. Und wenn Sie gleich mitten in Ihrem Traumjob gelandet sind, dann bleibt die Freude auch groß. In vielen Fällen aber müssen Berufseinsteiger schon bei ihrem ersten Job Kompromisse schließen: Vielleicht bekommen Sie weniger Spielraum als erhofft, weniger verantwortungsvolle Aufgaben, weniger herausfordernde Projekte, verdienen weniger, haben dafür aber mehr Stress, als sie es jemals für möglich hielten.

Und so kommt es, dass von den 35 Millionen Menschen in Deutschland, die in fünf Millionen Unternehmen angestellt sind, schlussendlich die wenigsten einen Job haben, der sie interessiert, der ihnen Spaß macht und ihren Talenten entspricht. Ich suche nach Fakten und stolpere über die viel zitierten Gallup-Studien (hier die Zahlen von 2009):

- Nur 11 Prozent der Mitarbeiter sind engagiert und fühlen sich emotional an das Unternehmen gebunden (2001: 16 Prozent). Das heißt: Nur jeder neunte Mitarbeiter mag seinen Job.
- 66 Prozent sind »Mitläufer« (2001: 69 Prozent) und schieben lediglich Dienst nach Vorschrift.
- 23 Prozent sind »destruktiv« (2001: 15 Prozent) und haben innerlich bereits gekündigt.

Gallup weist seit 2001 immer ähnlich düstere Ergebnisse aus – besonders, was das große Mittelfeld der nicht engagierten Arbeitnehmer betrifft. Was mich nachdenklich stimmt, ist der kontinuierlich steigende Anteil der Menschen mit ausgeprägt geringer emotionaler Bindung. Warum spricht hier eigentlich niemand von *unglücklichen Arbeitnehmern*?

Mit gemischten Gefühlen denke ich an meine ersten eigenen Jobs und an die Geschichten der vielen Traumjobsuchenden, denen ich in den vergangenen Jahren nachgegangen bin. Es läuft immer auf das Gleiche hinaus: Selbst wenn man einen Job ergattert hat, von dem man annimmt, dass er Spaß macht und den eigenen Talenten entspricht, sind die ersten Jahre zumeist ernüchternd. Entweder ist der Job so langweilig, dass man ab 14:30 Uhr Aktenordner auf dem Schreibtisch dekorieren muss, um Geschäftigkeit vorzutäuschen. Oder man hat vor lauter To-do's und Machtgerangel schlaflose Nächte. Burnout oder Boreout. Gibt es nichts dazwischen?

Traumjob oder Albtraumjob?

Mit energischem Schwung drehe ich meinen Schreibtischstuhl zu meinem Regal und ziehe eines meiner Lieblingsbücher heraus: *Flow im Beruf* von Mihaly Csikszentmihalyi, einem in Ungarn geborenen Professor für Psychologie und Experten zu den Themen Kreativität und Glück. (Es braucht nicht nur Übung, diesen Namen flüssig auszusprechen, sondern auch, ihn flüssig zu denken, bemerke ich und baue mir eine Eselsbrücke: Chick-send-Mihalyi – Michael ein Huhn senden. Pardon, lieber Herr Professor.)

Auf dem Titelbild ist eine Kaffeetasse abgebildet. »Gute Idee«, denke ich mir, brühe mir einen frischen Kaffee auf und platziere einen meiner Lieblingskekse auf der Untertasse. Dann beginne ich zu blättern. Warum haben so viele Menschen keinen Traumjob – sondern eher einen Albtraumjob?

»Manche Arten der Unterhaltssicherung sind in sich erfreulich und genussvoll, während andere von einer geradezu lähmenden Unmenschlichkeit sein können«, schreibt Csikszentmihalyi. Wie wahr, wenn auch nicht wahnsinnig erstaunlich. Der zweite Faktor, der über unser Erleben der Arbeit bestimmt, hat Csikszentmihalyi zufolge mit den Wertvorstellungen zu tun, die in der Gesellschaft rund um das Thema Arbeit kursieren. Das ist interessant.

Ich lasse meinen großen Wagen mit den Hängeordnern unter meinem Tisch hervorrollen. (Dieser Rollwagen ist das Herzstück meines Büros und so etwas wie mein zweites Gehirn.) Aus einer Mappe mit der Aufschrift »Arbeit« ziehe ich ein großes Blatt heraus, auf dem ich vor Jahren die wichtigsten Etappen in der Geschichte der Arbeit skizziert habe. Besser gesagt: Die Grundhaltung der Menschen zu ihrer Arbeit, soweit sich das heute noch rekonstruieren lässt. Ich wandere mit meinen Augen über meine Mind-Map wie über eine alte Landkarte und bleibe an einigen Stichworten hängen.

Arbeit gilt …

- **in der Antike** als Zeichen der Unfreiheit (»Der Notwendigkeit untertan«).
- **in der jüdisch-christlichen Tradition** als Fluch und Segen zugleich, als Strafe und göttlicher Auftrag (»Im Schweiße deines Angesichts«).
- **im Mittelalter und in der Frühen Neuzeit** als Weg zu Stadtbürgerrechten (»Stadtluft macht frei«).
- **im Zeitalter der Reformation** als sittlich wertvoll, als Berufung, als Hauptzweck des Lebens, als Quelle von Reichtum und Chance zu menschlicher Selbstverwirklichung.
- **in der Aufklärung** als Existenzbedingung, sittliche Pflicht und Lebenssinn.
- **während der Industrialisierung** als Quelle des Wohlstands einerseits und Grund für Verelendung und Entfremdung andererseits.
- **Im frühen 20. Jahrhundert** als Pflichtprogramm für bürgerliche Familienernährer (»Normalarbeitsverhältnis«) und für Wander-, Saison- und Gelegenheitsarbeiterinnen und -arbeiter, die sich mit prekären, häufig wechselnden Beschäftigungsverhältnissen durchschlagen.

- **während der Technisierung** Mitte des 20. Jahrhunderts als Faszinosum des Wirtschaftswunders: Die enorme Erhöhung der Produktivität bringt Mitarbeitern zunehmend mehr Mitbestimmungsrechte und mehr Freizeit.
- **am Höhepunkt der Produktivitätssteigerung** zu Beginn der 1990er Jahre als Mangelware und Eldorado zugleich: Einerseits wird Personal abgebaut, andererseits werden die Arbeitsbedingungen verbessert durch flexible Arbeitszeiten, Gruppenarbeit und Mitarbeiterbeteiligung.
- **heute** als Chance zur Selbstverwirklichung und Zwang zur Selbsterhaltung zugleich. Statt Mitarbeiter in einem festen Berufsbild gibt es immer mehr »Arbeitskraftunternehmer«. Die Anforderungen sind widersprüchlich: Einerseits werden hohe Selbstmanagementkompetenzen, Flexibilität, Mobilität und lebenslanges Lernen erwartet, andererseits besteht in vielen Unternehmen weiterhin eine stabile Hierarchie, die Unterordnung, Kontrolle, Disziplinierung und Konformität verlangt.

So war Arbeit immer beides: Freiheit und Notwendigkeit. Autonomie und Heteronomie. Die Chance, sich selbst zu steuern, und der Nachteil, von anderen gesteuert zu werden. Wie ist die Situation heute? Ich blättere wieder in *Flow im Beruf* und finde weitere Gründe, die für das Unglück vieler heutiger Arbeitnehmer verantwortlich sind:

- *Sie haben keine Ziele,* die ihnen klar und verständlich wären. Viel zu oft müssen Formulare ausgefüllt oder Vorgaben eingehalten werden, die denjenigen, die damit zu tun haben, völlig absurd vorkommen – was ganz offensichtlich ein Problem der Fremdsteuerung darstellt.
- *Sie bekommen keine Rückmeldung* über die Qualität ihrer Arbeit. Und wenn doch, dann gilt das Lob nicht ihnen selbst, sondern

»den Plänen und Vorkehrungen, die dieses Vorgehen ermöglicht haben« – auch das ist ein Problem der Fremdsteuerung.

- *Sie sind unterfordert,* weil ihr Job es nicht zulässt, dass sie ihre gesamten Fähigkeiten einbringen. Das macht viele Arbeitnehmer im Lauf der Zeit völlig fertig (man könnte auch sagen, es macht sie *dumm*) – und auch dies ist eine Folge der Fremdsteuerung.
- *Sie haben kein Recht,* selbst zu bestimmen, was sie arbeiten, noch, wie oder wann und in welchem Tempo sie es tun. Damit fehlt ihnen jegliche Möglichkeit der Selbststeuerung.

Sicherlich trifft dieses Elend nicht auf jeden Job zu, und erst recht nicht auf Traumjobs. »Arbeitnehmer sind doch keine Marionetten!«, rufe ich unvermittelt. »Behandelt man sie so, dann lassen sie sich hängen – das ist doch völlig logisch!« Wenn das so klar ist, warum werden dann Kitakinder, Schüler, Studenten und Arbeitnehmer nicht anders geführt? Ich bin ratlos, um nicht zu sagen: fassungslos.

Dann analysiere ich die Begriffe so lange, bis sie auseinanderfallen: Selbststeuerung, Selbstorganisation, Selbstmanagement.

Unternehmen haben doch gar nichts gegen Selbstorganisation. Sie lieben sie sogar – aber nur, wenn es um die Fähigkeit der Angestellten geht, ihre Arbeit zu organisieren. Klar: Nichts ist Unternehmen lieber als motivierte Mitarbeiter, die ihre Aufgaben in Windeseile abarbeiten und messbare Ergebnisse auf den Tisch legen können. Zeitmanagement steht mitsamt der dazugehörigen Selbstkontrolle und Selbstdisziplin ganz hoch im Kurs.

Diese Art der Selbstorganisation folgt Vorgaben von außen. Sie ist eine Variante der Fremdbestimmung. Gibt es denn keine Form der Selbstorganisation, die irgendetwas mit Selbstbestimmung zu tun hat? Ich grübele nach. Dann besinne ich mich auf mein Faible für Naturwissenschaften und krame ein Buch von Hermann Haken heraus, der Professor für Theoretische Physik an der Universität Stuttgart war und als Begründer der *Synergetik* gilt, was ungefähr das Gleiche bedeutet wie Selbstorganisation.

Vereinfacht gesagt geht es in der Synergetik um das spontane Zusammenwirken von Elementen innerhalb komplexer dynamischer Systeme – und darum, dieses Zusammenwirken mit mathematischen Formeln zu beschreiben. Witzigerweise lassen sich die Erkenntnisse der Synergetik auf völlig unterschiedliche Felder übertragen: Ob sich Strahlen oder Zellen oder Moleküle spontan zusammentun oder Menschen in einer Firma – es kommt immer zu ähnlichen Formationen.

Hermann Haken hat sich übrigens 1962 durch die erste abgeschlossene Theorie des Lasers hervorgetan – und es war die Interpretation des Laserprinzips als eine Form der Selbstorganisation, die Ende der 1960er Jahre zur Entwicklung der Synergetik führte.

Was hat denn nun ein Laserstrahl mit Ihnen zu tun, liebe Leserin, lieber Leser? Das erfahren Sie im nächsten Kapitel!

Das Geheimnis der Berufsfindung

Stellen Sie sich die Suche nach Ihrem Traumjob so vor, als bündelten Sie alle Ihre Talente und die unzähligen Ideen, die Ihnen Tag für Tag durch den Kopf schwirren, in einem einzigen Strahl, dessen Lichtwellen alle in die gleiche Richtung gehen und sich alle auf einer Wellenlänge befinden. Genau so ordnet ein Laser alle Strahlen, und das ist der Grund dafür, dass Laserlicht so wirkungsvoll ist und wir es so extrem genau steuern und letztendlich damit arbeiten können. Wenn Sie mögen, nehmen Sie sich den Laserstrahl als Vorbild: Betrachten Sie das Chaos Ihrer Wünsche und Erwartungen. Schreiben Sie jeden Gedanken auf. Konzentrieren Sie Ihre gesamte Energie und schaffen Sie Ordnung in diesen Gedanken und damit in Ihrem Kopf. Wie das genau geht, erfahren Sie in diesem Kapitel.

Chaos, Ordnung und Selbstorganisation

Wie sieht es denn aus in Ihrem Kopf? Neurophysiologen, Biomathematiker und Synergetikexperten stellen sich das Gehirn als ein dynamisches, komplexes, sehr stark vernetztes und sich selbst organisierendes Netzwerk vor. Je mehr Zellen miteinander vernetzt sind und je stärker diese Verbindungen ausgeprägt sind, desto eher ist das Gehirn in der Lage, noch mehr neue und nützliche Ordnungen hervorzubringen. Vereinfacht gesagt: Je vernetzter der Kopf, desto intelligenter der Mensch.

»Bringt die Selbstorganisation im Hirn des Traumjobsuchenden irgendwelche Muster hervor, die uns zu seinem Traumjob führen könnten?« Mit dieser Frage im Kopf vergrabe ich mich in den Beständen der Universitätsbibliothek – und komme zu überraschenden Erkenntnissen.

»Ich« gibt es nicht

Als Kind hatte ich oft das Gefühl, dass irgendwo in mir drin ein kleines »Ich« sitzt, das sich gerne zeigen möchte, aber immer wieder weggesperrt wird. Und zwar, weil jedes Mal dann, wenn ich etwas »eigenes« machen wollte, irgendwelche Erwachsene auf den Plan traten, die besser zu wissen glaubten, was gut für mich war. Auf meinem langen Weg zum Beruf der Traumjobdetektivin, so dachte ich bisher, konnte ich dieses »Ich« wieder aufspüren und befreien. So hatte sich das jedenfalls angefühlt.

Doch Psychologen, Soziologen und Gehirnforscher sehen das offenbar ganz anders. Ich lese, das moderne Individuum habe gar keine sichere, statische, in sich geschlossene Identität, das um irgendein Zentrum herum angeordnet sei. Eine solche Vorstellung von »Ich« sei nichts weiter als eine Illusion! Was einerseits eine »Notlage« darstelle, andererseits aber einen »Zugewinn kreativer Lebensmöglichkeiten« mit sich bringe. Die Identität sitze auch gar nicht als kleine »Ich«-Figur von Geburt an irgendwo im Menschen drin, sondern die Identität entstehe und wandele sich in einem kontinuierlichen Dialog zwischen unserer Umwelt und den Identitäten, die die Umwelt uns anbietet.

Mir schwirrt der Kopf. Was hat das denn jetzt, bitte sehr, mit der Selbstorganisation des Gehirns zu tun? In Hermann Hakens *Synergetik in der Psychologie* finde ich dann die entscheidenden Hinweise: Es sitzt kein kleines »Ich«-Männchen in uns drin, kein »Homunkulus«, wie es Haken nennt. Unser Hirn spiegelt uns den Eindruck eines »Ichs« lediglich vor. Woher aber nimmt es die Idee, wie dieses

»Ich« konkret aussieht? Wie kommt es zu den Regeln, nach denen es
dieses »Ich« konstruiert?

Damit bin ich auf die zentrale Frage der Selbstorganisations-
theorie menschlicher Verhaltenssteuerung gestoßen: Woher weiß
mein Hirn, wer ich bin? Welche Talente ich habe? Und von welchem Job ich träume? Die Antwort finde ich in einem Regal zum
Thema Personalentwicklung, und zwar in *Die Kompetenzbiographie*
von Professor Dr. John Erpenbeck, Bereichsleiter Grundlagen-
forschung der Arbeitsgemeinschaft betriebliche Weiterbildungs-
forschung in Berlin, und Professor Dr. Volker Heyse, Gründungs-
direktor der Fachhochschule des Mittelstands (FHM) in Bielefeld
und Geschäftsführer mehrerer Personalentwicklungsunterneh-
men.

Erpenbeck und Heyse verknüpfen die Theorie der Selbstorganisation kurzerhand mit Ergebnissen der Biografieforschung und
kommen so zur Vorstellung einer Kompetenzbiografie. Das klingt
im ersten Moment furchtbar kompliziert, bringt uns aber einen entscheidenden Schritt weiter. Den Autoren zufolge entsteht Selbstorganisation nicht einfach so aus sich selbst, sondern sie wird
gelenkt – und zwar von innen heraus:

- durch *Werte* und
- durch den *Willen*.

Werte sind nach Erpenbeck und Heyse so etwas wie Ordnungsparameter, die unsere Selbstorganisation bestimmen oder zumindest stark beeinflussen. Daraus schlussfolgere ich: »Wie ich denke
und fühle, wie ich entscheide und wie ich mit anderen Menschen
umgehe, ist kein Zufallsprodukt meines Gehirns, sondern wird
gesteuert von dem, was ich gut und richtig finde.«

Und was steckt hinter dem Willen? Der Wille lässt sich den Autoren zufolge als »Realisierungsvermögen« menschlicher Selbstorganisation begreifen. Wo kein Wille, da kein Weg, keine Ordnung, kein
Muster. Ich nehme an, dass so etwas wie ein Lebenswille von Natur

aus in jedem Lebewesen steckt – wäre das nicht so, gäbe es wohl kein Leben auf der Erde, und es wäre überhaupt nicht so weit gekommen, dass Menschen hier herumspazieren, die auf der Suche nach ihrem Traumjob sind. Doch: Wann haben wir es mit Werten zu tun? Was sind überhaupt Werte? Wie entscheiden wir uns für welche Werte? Und was haben Werte mit Traumjobs zu tun?

Musterbildung durch Lebenskrisen

Ich schlage die Tageszeitung auf und raschele mich einmal quer durch alle Ressorts: Politik, Wirtschaft, Sport, Lokales. Eigentlich geht es doch immer um das Gleiche: Konflikte und Versöhnungen, Geschichten von Glück und Unglück, Heldinnen und Helden. Warum sind gerade sie so interessant? Ich schaue mir die Bilder an, arbeite mich durch die Storys und suche – eigentlich nur aus Gewohnheit – nach dem verbindenden Element. »Die trauen sich alle was«, stelle ich dann fest. »Sie haben Mut, sind tapfer, aufrecht, intelligent, integer.« Dann stutze ich. »Da sind sie doch, die Werte. War ja ganz einfach.«

Bei jedem Konflikt werden Werte verhandelt – das ist in der großen Politik und in der weltweiten Wirtschaft nicht anders als im Leben eines jeden Traumjobsuchenden. Und so kommt der Einzelne nicht nur zu seinen Werten, so entsteht auch individuelle Kompetenz, meinen Erpenbeck und Heyse.

Der Dreh- und Angelpunkt dabei sind Momente im Leben, in denen alles drunter und drüber geht und für die es zahlreiche Beispiele gibt:

- Konflikte mit der Familie oder im Freundeskreis,
- Konflikte und Krisen am Arbeitsplatz,
- kritische Lebensereignisse wie Trennung, Krankheit oder Tod eines wichtigen Menschen,
- Sinnkrisen,

- Identitätskrisen,
- interkulturelle Konflikte,
- Konflikte bezüglich geschlechtsspezifischer Normen,
- und jede Menge Konflikte mehr.

In solchen Momenten ringen wir mit unseren Werten. Wir überlegen hin und her, und – ist es nicht so? – orientieren uns dabei letztendlich auch an anderen. Vielleicht ist das ein Grund dafür, warum so viele Menschen so passioniert Zeitung lesen und fernsehen. Medien als moralische Anstalt. Ein schöner Satz, der mir irgendwie bekannt vorkommt. Ich tippe ihn in Google ein und finde ganz viele Varianten: »Das Fernsehen als moralische Anstalt«, »Die Zeitung als moralische Anstalt« – und hier: »Die Schaubühne als eine moralische Anstalt betrachtet«, von keinem Geringeren als Friedrich von Schiller, der da schreibt: »Mit welch herrlichen Empfindungen, Entschlüssen, Leidenschaften schwellt sie unsere Seele, welche göttliche Ideale stellt sie uns zur Nacheiferung aus!«

So hängt also unser »Ich«, das sich unter dem Einfluss unserer eigenen Werte organisiert, nicht zuletzt auch mit den Medienstars zusammen, die wir bewundern. Also mit unseren *Vorbildern*. Dieser Spur gehe ich nach.

Musterbildung durch Vorbilder

Die eigenen Werte werden also durch die Vorbilder beeinflusst, mit denen wir uns auseinandersetzen – und dies wiederum beeinflusst die Selbstorganisation unseres Gehirns.

Wie kann man sich das praktisch vorstellen? Ich greife zum Telefon und rufe eine alte Bekannte an, die so etwas wie Medienpädagogik studiert hat: »Ist es so, dass mich eine Überdosis Sylvester Stallone automatisch moralisch verdirbt – und ich mich dann irgendwann für den falschen Job entscheide?« Schweigen am anderen Ende der Telefonleitung, dann herzliches Gelächter. »Nein, meine

Liebe. Schau dir mal die Studie über *»Stars« im Alltag jugendlicher Fans* von Claudia Wegener an, das wird dich beruhigen.«

Claudia Wegener hat viele Jugendliche besucht und mit ihnen über ihre ganz persönlichen Stars gesprochen. Sie stellt die These auf, dass Jugendliche das Verhalten medialer Bezugspersonen nicht einfach übernehmen, sondern sich durchaus konstruktiv damit auseinandersetzen. Da kann der Fernseher also weiterlaufen. Die dort verhandelten Werte schwappen nicht ungefiltert ins eigene Hirn und verderben dort die Selbstorganisation, sondern es findet (im besten Fall) eine aktive Auseinandersetzung mit dem medialen Vorbild statt. Eine Auseinandersetzung, die man sich als einen fiktiven, imaginären Dialog vorstellen kann.

Ich besinne mich auf die Helden meiner Jugendzeit. Viele Fernsehstars waren nicht darunter – eher Sportlerinnen aus dem eigenen Verein, ein besonderer Lehrer, die Eltern, die Nachbarin. Auch Heldinnen und Helden aus meinen Kinder- und Jugendbüchern, klar. Welche Rolle spielen solche Vorbilder? Offenbar eine ganz wesentliche, das zeigen Studien: Der US-amerikanische Bildungsforscher Herbert J. Walberg (University Scholar an der University of Illinois, Chicago) zum Beispiel untersuchte die Biografien von 221 bedeutenden Männern. Er fand heraus, dass 60 Prozent von ihnen früh mit anderen Hochleistern in Berührung gekommen waren. 78 Prozent wurden nicht nur von Eltern oder Lehrern gefördert, sondern auch von Mentoren außerhalb dieses Personenkreises.

Oft sind es einzelne Lehrer oder Mentoren, die bei ihren Schülern das Interesse an einem bestimmten Fachgebiet erst wecken – und damit hervorragende Talente gewissermaßen wachkitzeln. Und mehr noch: Ein guter Mentor kann zentrale Werte seines Berufsstands vermitteln und damit zu einem persönlichen und beruflichen Rollenvorbild werden. »Man könnte auch sagen: Zu einem Traumjobverführer«, überlege ich laut.

Der Berufsfindungslaser

Wenn es das »Ich« als kleinen Homunkulus gar nicht gibt, dann muss ich es auch nicht suchen, ich muss es nicht erfinden und im Grunde auch gar nicht verwirklichen. Ganz einfach, weil es schon da ist. Ich muss mich nicht mühsam selbst organisieren, weil ich schon selbstorganisiert bin. Ich muss nur das Muster entschlüsseln.

Ich betrachte das Chaos meiner Wünsche und Erwartungen und schreibe jeden Gedanken auf.

Mein Traumjob-Chaos

Unternehmerin   tolle Leute   kreativ

Spaß und Erfolg   Berlin   interessiert mich

unabhängig   Bereich Bildung   prima Verdienst

Wie kommt jetzt Ordnung in diese Gedanken? Das sollte ich doch können, schließlich bin ich Detektivin. Ich denke wieder an den Laser: Bei einem Laserstrahl gibt ein Teilchen sozusagen den Ton an, das heißt die Richtung und die Wellenlänge. Es hat die Funktion eines Ordnungsparameters. Welcher meiner Gedanken gibt hier den Ton an? Welcher ist der wichtigste? Wonach richtet sich alles andere?

Zum Beispiel »tolle Leute«. Hmm ... Was wäre, wenn die Kollegen toll sind, aber mich die Arbeit nicht interessiert und keinen Spaß macht? Das geht gar nicht.

Oder »prima Verdienst«? Aber leider ganz weit weg von Berlin und nicht unabhängig! Das müsste dann aber schon ganz viel Spaß machen! Vielleicht ist das genau der Punkt: »Spaß«. Spaß habe ich immer dann, wenn ich das tue, was ich liebe, es mich interessiert und ich es kann. Was tue ich denn am liebsten?

Am liebsten löse ich kniffflige Probleme und schmiede Pläne. Das sind meine Talente! Dann könnten doch die Talente den Ton angeben und Ordnungsparameter sein. Alles andere richtet sich nach ihnen. Ich male sofort eine Mind-Map:

Da kommt mir ein neuer Gedanke. Könnte es nicht sein, dass das Talent als Ordnungsparameter so stark ist, dass es sich irgendwann von allein durchsetzt? Auch wenn es jahrelang verschüttet war oder ignoriert wurde? Oder von anderen Traumjobthemen in den Hintergrund gedrängt wurde – etwa einem üppigen Gehalt oder einem hohen Prestige?

Ich krame alle Unterlagen hervor, die ich je zum Thema Talent gesammelt habe. Eine schöne Definition stammt von Karriere-Doc

Horst G. Kaltenbach. Für ihn ist Talent eine angeborene Grundstärke, und egal, womit wir uns beschäftigten, das Talent bleibe immer das gleiche: »Wenn wir alles vergessen würden, was wir gelernt haben, bliebe uns unser Talent.«

Doch es wird viel gestritten rund um das Thema Talent. Vieles ist unklar. Klar scheint immerhin zu sein, dass das Talent, genauso wie das »Ich«, kein Homunkulus ist, der mit uns zusammen auf die Welt gekommen ist. Unsere kognitiven und motorischen Fähigkeiten sind höchstens zu 50 Prozent genetisch festgelegt. Lutz Jäncke, Ordinarius für Neuropsychologie an der Universität Zürich, erklärt, dass die andere Hälfte durch Umwelteinflüsse, Erziehung und Training bestimmt werde. Die Leistung, die am Ende herauskommt, beruhe auf einer einfachen Formel: Fähigkeit mal Wollen mal Möglichkeit.

So entsteht unser Talent also durch eine Kombination aus Veranlagung, mehr oder weniger krisenhaften Erfahrungen, die unsere Wertvorstellungen beeinflussen, durch mehr oder weniger prägende Begegnungen mit Vorbildern, die ebenfalls unsere Wertvorstellungen beeinflussen – und durch kontinuierliche Übung, ein Faktor, der eng mit unserem Willen verknüpft ist.

Ich lehne mich zufrieden zurück.

Arbeiten im Flow

Unvermittelt erinnere ich mich an meinen Vater – ein leidenschaftlicher Tüftler, der Holz so gut wie Metall verarbeiten, Stromkreisläufe installieren und Wasserleitungen verlegen kann. Wie oft war es vorgekommen, dass mein Vater so tief in seine Tüftelei versunken war, dass er vergaß, zum Essen zu kommen? Wie ist es bei mir selbst? Wenn ich einen meiner Fälle knacke, mich durch Bücher und Notizen arbeite, Mind-Maps zeichne, Businesspläne durchrechne und Ideen so lange kombiniere, bis sie endlich zusammenpassen – dann ist Mitternacht oft längst vorbei, ohne dass ich es merke. Das ist es doch, was Csikszentmihalyi mit Flow meint: Wir sind in unserer Aufgabe dermaßen gefangen, dass wir vollständig darin aufgehen und alles um uns herum vergessen. Es gibt keine Trennung mehr zwischen Denken und Tun.

Zu einem derartigen Glücksgefühl kommt es insbesondere dann, wenn wir unsere Fähigkeiten und unsere Wertvorstellungen voll und ganz ausleben können. Ist eine Aufgabe zu leicht, können wir in Grübeleien abgleiten. Ist sie zu schwer, frustriert sie uns. Und geht sie unseren Wertvorstellungen »gegen den Strich«, arbeiten wir mit innerem Widerstand.

Ich lese mich in den Büchern von Csikszentmihalyi fest. Dann ziehe ich ein großes, weißes Blatt aus der Schublade und notiere:

Flow

Menschen sind dann am glücklichsten, wenn sie das tun, was sie am besten können. Dann richtet sich die gesamte Aufmerksamkeit auf das derzeitige Tun, und alle sonstigen Sorgen sind für diese Zeit ausgeschaltet.

»Flow« ist eine treibende Kraft: Selbst wenn alle sonstigen Bedürfnisse zufriedengestellt sind, treibt »Flow« die Menschen dazu, alle Möglichkeiten ihrer vorhandenen Talente zu nutzen und Weiterentwicklung, Wachstum und Innovation anzustreben.

Dann suche ich eine Stecknadel und pinne das Blatt an die Wand, genau zwischen meine beiden Lieblingsbilder: Ich bin zufrieden. Aber noch nicht ganz. »Es gibt keine Trennung mehr zwischen Denken und Tun«, wiederhole ich laut, nehme ein zweites Blatt Papier, zeichne ein Dreieck und schreibe *Denken* und *Tun* an die Ecken. »Wenn Denken und Tun zusammenfallen, dann kommt es beim Fühlen zum Flow«, schlussfolgere ich dann, schreibe *Fühlen* an die dritte Ecke und mitten in das Dreieck schließlich *Flow = Glück*.

Das Magische Dreieck

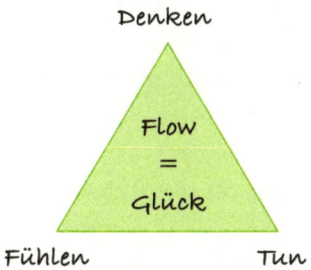

Ein Traumjob wäre dann also ein Job, in dem wir in Übereinstimmung sind mit dem, was wir tun, und dem, was wir darüber denken, was wir tun. Es wäre ein Job, in dem wir unser Talent voll ausleben können, und in dem es gut sein kann, dass wir immer wieder in den Zustand des »Flow« geraten.

Umgekehrt: Quälen wir uns mit einem Job herum, der nicht unserem Talent entspricht, ist »Flow« nur schwer oder gar nicht möglich. Entschlossen nehme ich einen dicken Filzstift zur Hand und ergänze mein Notizblatt um einen Appell an Traumjobsuchende:

Höre auf, Dinge zu tun, für die du kein Talent hast.

Positiv klingt es besser. Deshalb setze ich noch einen Satz darunter, mit drei Ausrufungszeichen:

Lebe dein Talent!!!

Ich überlege, woran sich Talente überhaupt erkennen lassen. Einem Traumjobsuchenden sieht man sein Talent ja nicht an. Da bleiben nur zwei Möglichkeiten: Fragen stellen (das wäre das Selbstbild) und Beobachten (das wäre das Fremdbild). Beide zusammen müssten Aufschluss geben können über das verborgene Talentmuster. Ich notiere mir also die Frage »Wie kann ich Talentmuster entschlüsseln?« und gehe dann im Geiste noch einmal das durch, was ich bisher herausgefunden habe:

- Es gibt so etwas wie eine Musterbildung im Gehirn jedes Traumjobsuchenden.
- Dieses Muster entsteht von selbst, aber nicht einfach so, sondern es wird beeinflusst durch bestimmte Werte.
- Diese wiederum verinnerlicht der Traumjobsuchende, wenn er persönliche Krisen durchsteht und wenn er sich mit Vorbildern auseinandersetzt.
- Und – das ist der springende Punkt – dieses Muster ist der Schüssel zu den eigenen Talenten und damit zugleich der Schlüssel zum Traumjob.

Kennen Sie die Raupe Nimmersatt von Eric Carle? Diese kleine Kinderbuchraupe verleibt sich eine Woche lang verschiedene Köstlichkeiten ein, bis sie am Wochenende fix und fertig ist, sich dann verpuppt und schließlich in einen wunderschönen Schmetterling verwandelt.

Etwa so fühle ich mich jetzt. Sie auch? Bisher haben wir den Arbeitsmarkt und die Bildungslandschaft erkundet, das Phänomen »Flow« erhellt, uns durch Synergie- und Hirnforschung gekämpft und dann einen Vorstoß in Richtung Talente gewagt. Ich habe das Gefühl, mich ganz ähnlich wie die Raupe Nimmersatt jetzt zurückziehen zu müssen, um diese Fülle von Informationen in meinem Kopf zu verwandeln und etwas Neues zu entfalten: eine Methode, um Traumjobs sichtbar zu machen.

Dem Talentmuster auf der Spur

»Ich brauche keinen Kokon, ich brauche ein gutes Café«, sage ich zu mir selbst, schnappe mein kleines, blaues Lieblingsnotizbuch und einen Bleistift und eile zum Café Einstein mitten in Berlin. Ein Kaffeehaus alten Stils, um das sich viele Legenden ranken und an dessen braunen Kaffeehaustischen Tag für Tag viele Ideen entstehen.

Mein Lieblingsplatz ist frei. Ich beschließe, mich hier so lange zu verpuppen, bis meine neue Detektivmethode Flügel bekommen hat. Dann lasse ich alle Informationen Revue passieren und denke an meinen halben Kubikmeter Bücher zum Thema Berufsfindung, den ich durchgeackert habe – immer mit der Frage im Kopf: Wie lassen sich aus Talenten Traumjobs machen? Ich genieße das Kaffeetassengeklimper im Hintergrund und schaue aus dem Fenster. Mindestens eine Stunde lang.

»Im Grunde machen alle etwas Ähnliches!«, erkenne ich dann, schiebe meine Tasse quer über den Tisch und schlage mein Notizbuch auf. Die meisten Berufsfindungsexperten stellen ganz ähnliche Fragen, und zwar einerseits entlang der Biografie des Traumjobsuchenden:

- Was haben Sie als Kind gerne gemacht?
- Was machen Sie heute gerne?
- Von welcher Zukunft träumen Sie?

Hier geht es um Ihre persönlichen Interessen, Lebensmotive, Eigenschaften, Träume und Fähigkeiten. Und darum, welche Spuren bestimmte Erlebnisse und welche Vorbilder im Lauf des Lebens sich in Ihrem individuellen Talentmuster niedergeschlagen haben.

Andererseits stellen die Experten Fragen rund um den Job – aufgeteilt auf die Jobs, die Sie in der Vergangenheit hatten (auch Nebenjobs und Praktika), Ihre aktuelle Tätigkeit und das, was Sie sich in Zukunft vorstellen können. Insbesondere geht es um die Faktoren:

- Umgebung
- Zeit und Geld
- Menschen
- Träume
- Interessen
- Kompetenzen
- Talente
- Eigenschaften
- Motivation

Diese Liste liest sich ein wenig wie die Zutatenliste für einen Krimi-Plot. Das gefällt mir – schließlich spiele ich ja Detektivin –, und so spitze ich meinen Bleistift, um gleich alle Faktoren mit detektivischen Grundfragen zu verknüpfen. Dafür schaue ich auch noch mal auf mein Mind-Map auf Seite 38.

Bevor das Denken losgeht, brauche ich aber noch einen frischen Kaffee. Ich sehe mich nach meinem Lieblingskellner um – als mein Blick an einem dieser Holzständer hängen bleibt, die Postkarten zur kostenlosen Mitnahme anbieten. Ich könnte mir ein paar schöne Werbepostkarten aussuchen und die Traumjobfragen auf ihnen statt auf Karteikarten sammeln! Sofort stehe ich auf und suche mir neun Karten aus und ordne sie den neun Themen zu, die ich eben aufgelistet habe.

Meinen Nachforschungen zufolge müsste der wichtigste dieser Faktoren das Talent sein, die Lieblingsfähigkeiten – der Schlüssel zum Traumjob. Deshalb ordne ich die Postkarten rund um die Talente an, schiebe die Karten auf meinem Tisch hin und her, genieße den Kaffeeduft und denke nach.

Aus diesen Schlagwörtern auf meinen Postkarten kann ich nun eindeutige Fragen ableiten – meine Detektivfragen.

Neun Postkarten

Eigenschaften	Motivation	Träume
Kompetenzen	Talente	Interessen
Umgebung	Menschen	Zeit und Geld

Neun Detektivfragen

1. Talent: Was tun Sie immer wieder besonders gern?
2. Interessen: Was interessiert Sie? Worüber wissen Sie am meisten?
3. Kompetenzen: Was können Sie?
4. Eigenschaften: Wie sind Sie?
5. Menschen: Mit wem und für wen möchten Sie arbeiten?
6. Motivation: Wofür möchten Sie bekannt sein?
7. Träume: Welche Bilder beflügeln Sie?
8. Umgebung: Wo blühen Sie auf?
9. Zeit und Geld: Wie lange wollen Sie arbeiten und wie viel möchten Sie verdienen?

Ich packe die Postkarten in mein Notizbuch und beschließe, zu jeder Frage Fakten herauszufinden und einen »Schlüssel«, mit dem ich – oder ein Traumjobsuchender – die Tür zu dem persönlichen Muster öffnen kann, das sich jeweils unter den Fragefeldern verbirgt. Ordnung im Kopf schaffen! Doch wie soll das praktisch gehen? Wie sieht das, was im Kopf vorgeht, von außen aus? Kann man es überhaupt von außen sehen – und wenn ja: Wie? Oder können Traumjobsuchende es von innen fühlen und benennen?

Um diesen Fragen auf den Grund zu gehen, grabe ich mich wieder in der Bibliothek ein. Dieses Mal mit einem Stapel Bücher zum Thema Hirnforschung.

Was sagt die Hirnforschung?

Experten für Hirnforschung, wie etwa der Psychologe Hans-Georg Häusel (*Think limbic!, Brain Script, Limbic Success, Brain View*) oder der Sportwissenschaftler Michael Despeghel (*Lebe Deinen Life-Code*), gehen davon aus, dass jeder Mensch über ein emotionales Erfahrungsgedächtnis verfügt, in dem jede Erfahrung mit einem bestimmten somatischen Marker verbunden wird. Positive Erfahrungen werden mit guten Gefühlen verknüpft, negative mit schlechten Gefühlen. Diese Emotionen, das ist das Interessante daran, spuken nicht irgendwo in unserem Kopf herum, sondern sind eine ganz körperliche Angelegenheit.

Somatische Marker

Bestimmte Gedanken bereiten uns Bauchschmerzen, andere lassen uns die Knie schlottern oder die Schultern verkrampfen. Das kennen Sie sicherlich aus eigener Erfahrung.

- Malen Sie sich einmal die schlimmste Szene aus, die Sie mit Ihrem bislang unsympathischsten Chef, Lehrer oder Professor erlebt haben. Spüren Sie ein flaues Gefühl im Magen? Schlottern Ihnen die Knie?
- Und jetzt denken Sie an das erfolgreichste Projekt, an dem Sie bisher beteiligt waren: Was haben Sie geschafft? Gab es Applaus während eines Referats? Oder eine Veröffentlichung? Oder anerkennende Worte von Vorgesetzten, Kollegen oder Kunden? Wie fühlen Sie sich jetzt? Schmunzeln Sie in sich hinein? Haben Sie unwillkürlich den Geschmack von Champagner auf der Zunge?

Unser Erfahrungsgedächtnis speichert nicht nur Informationen ab, sondern hilft uns auch dabei, zukünftige Situationen einzuschätzen und entsprechende Entscheidungen zu treffen. Die somatischen Marker sind dabei ausschlaggebend, und zwar nach einem ganz einfachen Prinzip: Fühlt sich eine Erfahrung gut an, geht in Bezug auf die zu erwartende Situation die Meldung »Ja, bitte mehr davon!« ans Hirn; fühlt sie sich schlecht an, heißt es »Nein, danke!«. Und zwar unabhängig davon, ob unser Verstand die Zukunft gut oder schlecht einschätzt.

Wir haben also zwei Sachverständige im Hirn: unsere Emotionen und unsere Ratio, wobei dem Urteil der Ratio traditionell mehr Bedeutung beigemessen wird als dem Bauchgefühl. Das sehen Sie anders? Dann haben Sie völlig Recht.

Denn viele Hirnforschungsexperten (darunter auch Antonio Damasio in seinem Buch *Descartes' Irrtum*) gehen mittlerweile davon aus, dass unsere Gefühle unseren Verstand steuern – und unsere Ratio häufig nur nachträglich eine Erklärung für unsere Entscheidung liefert, die wir gefühlsmäßig schon viel früher getroffen hatten. »Wer gut auf seine Gefühle und damit auf die Anweisungen seines limbischen Systems hört, weiß umgehend, was wichtig und gut für ihn ist«, schreibt etwa Despeghel. »Wer hingegen dauerhaft gegen seinen angeborenen Life-Code und seine Bauchgefühle lebt, fügt sich häufig ernsthaften Schaden zu, denn Selbstdisziplin ist kräftezehrend.«

Ich kombiniere: »Das heißt also, dass die somatischen Marker wertvolle Hinweise auf verborgene Talente geben können.« Und zwar auf drei verschiedenen Wegen:

- indem wir uns bestimmte Szenen aus unserer *Vergangenheit* ins Gedächtnis rufen und merken, dass wir uns dabei gut fühlen;
- wenn wir uns positive *Visionen* ausmalen und auch dabei feststellen, dass sie sich gut anfühlen;
- wenn wir bestimmte *Verhaltensweisen* ausprobieren und sich auch hier zeigt: Das fühlt sich gut an.

Ich denke an die Postkarten und meine neun Detektivfragen. Mit den neuen Erkenntnissen über somatische Marker folgere ich, dass pro Fragenfeld jeweils zwei Schritte notwendig sind. Im ersten Schritt müssen wir herausfinden, um welches Muster es überhaupt geht, und im zweiten Schritt, wie es sich anfühlt. Weil die somatischen Marker bei der ganzen Suche aber so wichtig sind, werden wir bei jeder Frage zuerst einmal den Gefühlen den Vortritt lassen.

Sicherlich sind Sie jetzt hochmotiviert, sich nun ganz intensiv mit der Frage zu befassen, wie eigentlich genau Ihr Traumjob aussieht. Planen Sie für jede der neun Detektivfragen ein Zeitfenster ein, das zu Ihnen passt: Vielleicht möchten Sie sich jeweils eine Stunde damit auseinandersetzen, vielleicht auch jeweils einen Tag? Wie Sie genau vorgehen, ist nicht so wichtig. Wesentlich ist, dass Sie sich selbst Zeit und Raum geben, sich auszutoben.

Wenn Sie möchten, können Sie an dieser Stelle eine Person Ihres Vertrauens als persönlichen Hilfsdetektiv hinzuziehen.

Teil 2

Mit der Detektivmethode zum Traumjob

Schnellstart

1 Stunde

Bevor wir richtig tief in die Materie einsteigen, haben Sie hier die Möglichkeit zu einem Schnellstart: Sie brauchen dazu lediglich Papier, einen Stift und eine Stunde Zeit. Denn die folgenden Detektivfragen lassen sich jeweils in 5 Minuten beantworten. Wenn Sie mögen, können Sie für diese Übung die wunderbare Traumjob-Box verwenden, die wir mittlerweile für Sie entwickelt haben, und mit der wir jetzt auch im Talentcafé arbeiten. Lassen Sie sich eine Box zuschicken! (Wahlweise auch mit Keksen, zu beziehen über www.talentcafe.de.)

Schlüpfen Sie in die Rolle des Traumjobdetektivs und stellen Sie sich genau neun Fragen. Wichtig ist, dass Sie jede Frage beantworten und erst dann anfangen zu kombinieren. Schauen Sie auf die neun Postkarten mit den Detektivfragen auf den nächsten Seiten und nehmen Sie sich eine nach der anderen vor. Beantworten Sie die Fragen in Stichworten. Schreiben Sie als Erstes den Oberbegriff des Bereichs auf, zum Beispiel »Talente«, und ordnen Sie innerhalb von 5 Minuten Ihre Ideen dazu. Die Reihenfolge ist egal, schreiben Sie einfach alles untereinander auf, so wie es Ihnen am leichtesten fällt.

Nach 45 Minuten sind Sie mit allen Begriffen einmal durch. Nehmen Sie sich ein neues Blatt Papier und teilen es in neun Felder auf – das ist Ihr Ergebnisblatt. Nun wählen Sie Ihre jeweils fünf wichtigsten Stichworte aus jedem Bereich aus und schreiben diese in das entsprechende Feld Ihres Ergebnisblattes. So entsteht eine erste Übersicht, mit der Sie weiterarbeiten können – allein oder zusammen mit einer Person Ihres Vertrauens, Ihrem Hilfsdetektiv. Und schon sind Sie Ihrem Traumjob auf der Spur!

Eigenschaften	Motivation	Träume
Kompetenzen	Talente	Interessen
Umgebung	Menschen	Zeit und Geld

◎ Ein erster Überblick

Beantworten Sie alle folgenden Fragen stichpunktartig – für jeden Oberbegriff haben Sie jeweils 5 Minuten Zeit. Sie können Ihre Antworten direkt hier ins Buch eintragen oder auf separatem Papier notieren.

1. Detektivfrage

Talente

Was tue ich immer wieder besonders gern?

Was macht mir Spaß?

Was gelingt mir stets besonders gut?

Womit mache ich anderen eine Freude?

Talente

1. _____

2. _____

3. _____

4. _____

5. _____

2. Detektivfrage

Interessen

Was interessiert mich wirklich?

Worüber weiß ich am meisten?

Welche Themen im Kino, Fernsehen oder in Büchern interessieren mich?

Worüber unterhalte ich mich am liebsten mit Freunden?

Was sind meine Hobbys?

Interessen

1. _____

2. _____

3. _____

4. _____

5. _____

3. Detektivfrage

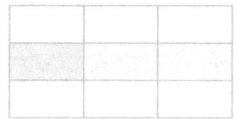

Kompetenzen

Jeder Beruf hat mit Gegenständen zu tun, und diese Gegenstände können uns Aufschluss über unsere Kompetenzen geben.

Bevor man sich für einen Beruf entscheidet, sollte man herausfinden, mit welchen Gegenständen man besonders gerne umgeht.

Mit welchen Gegenständen habe ich gern zu tun?

Kompetenzen

1. _____

2. _____

3. _____

4. _____

5. _____

4. Detektivfrage

Eigenschaften

Welche Eigenschaften zeichnen mich besonders aus?

Was ist mein persönlicher Stil?

Eigenschaften

1. _____

2. _____

3. _____

4. _____

5. _____

5. Detektivfrage

Menschen

Bei vielem, was wir tun, werden wir von anderen Menschen begleitet.

Mit wem würde ich besonders gerne zusammenarbeiten, und für wen würde ich am liebsten etwas tun?

Menschen

1. _____

2. _____

3. _____

4. _____

5. _____

6. Detektivfrage

Motivation

Wofür möchte ich bekannt sein?

Was sollen andere Menschen von mir erwarten dürfen?

Was treibt mich an, bestimmte Dinge zu tun?

Welches wird mein Lebenswerk gewesen sein?

Motivation

1. _____

2. _____

3. _____

4. _____

5. _____

7. Detektivfrage

Träume

Mit wem würde ich gerne für einen Tag
tauschen?

Habe ich ein persönliches Vorbild?

Wovon träume ich immer wieder?

Träume

1. _____

2. _____

3. _____

4. _____

5. _____

8. Detektivfrage

Umgebung

Wie muss die Umgebung beschaffen sein, in der ich aufblühe?

Was ist mir in Bezug auf Land, Klima, Kultur, Gesellschaft besonders wichtig?

Umgebung

1. _____

2. _____

3. _____

4. _____

5. _____

9. Detektivfrage

Zeit und Geld

Wie hoch dürfen die Investitionen in meinen Traumjob sein?

Wie lange möchte ich in meinem Traumjob arbeiten?

Wie viel möchte ich verdienen?

Zeit und Geld

1. _____

2. _____

3. _____

4. _____

5. _____

Wenn Sie mit dem Beantworten der Fragen fertig sind, können Sie sich eine kurze Pause gönnen. Wählen Sie dann die jeweils fünf wichtigsten Stichworte aus jedem Bereich aus und tragen Sie diese in das entsprechende Feld Ihres Ergebnisblattes ein. Damit erschaffen Sie ein Wortgemälde, das Ihren ganz persönlichen Traumjob darstellt und das Sie nun in Ruhe betrachten und wirken lassen können.

◎ Alle Ergebnisse auf einen Blick

Ergebnisblatt »Wortgemälde«

Eigenschaften	Motivation	Träume
1. _____	1. _____	1. _____
2. _____	2. _____	2. _____
3. _____	3. _____	3. _____
4. _____	4. _____	4. _____
5. _____	5. _____	5. _____
Kompetenzen	Talente	Interessen
1. _____	1. _____	1. _____
2. _____	2. _____	2. _____
3. _____	3. _____	3. _____
4. _____	4. _____	4. _____
5. _____	5. _____	5. _____
Umgebung	Menschen	Zeit und Geld
1. _____	1. _____	1. _____
2. _____	2. _____	2. _____
3. _____	3. _____	3. _____
4. _____	4. _____	4. _____
5. _____	5. _____	5. _____

Bald werden sich neue Gedanken einstellen, die aus der Kombination Ihrer Notizen entspringen. Lassen Sie alle Bedenken und »Ja, abers« beiseite. Zeigen Sie das Wortgemälde Ihrem Hilfsdetektiv oder einer anderen Person Ihres Vertrauens und erzählen Sie, was Ihnen alles einfällt.

Und? Haben Sie schon eine heiße Spur gefunden?

Neun Detektivfragen

Der Schnellstart war ein schöner Einstieg. Doch um Ihren Traumjob zu entdecken, müssen Sie noch ein wenig genauer hinschauen. Widmen wir uns nun also einer ausführlicheren Beantwortung der neun Detektivfragen – und dem, was dahinintersteckt.

1. Talente: Was tun Sie immer wieder besonders gern?

> **Talente**
>
> Was tue ich immer wieder besonders gern?
>
> Was macht mir Spaß?
>
> Was gelingt mir stets besonders gut?
>
> Womit mache ich anderen eine Freude?

Bevor wir uns Gedanken darüber machen, was Talente überhaupt sind und welche es geben könnte, wenden wir uns zunächst den sogenannten somatischen Markern zu, die Sie bereits auf Seite 46 kennen gelernt haben. Sie erinnern sich? Diese können uns wertvolle Hinweise auf verborgene Talente geben, und zwar durch

- Erinnerungen an die Vergangenheit,
- positive Visionen und
- Verhaltensweisen und Versuche.

Sie können Ihre Talente also »erfühlen«, wenn Sie sich erinnern, wenn Sie sich bestimmte Tätigkeiten vorstellen und wenn Sie diese ausprobieren. Achten Sie dabei auf folgende Indizien:

Ermittlung: Wie lassen sich Talente erkennen?

- **Sie fühlen sich gut an und fallen uns leicht** – oft schon sehr früh. Hatten Sie zum Beispiel schon mit vier Jahren großen Spaß am Rechnen? Oder haben Sie im Alter von zwölf Jahren heimlich Geige mitgelernt, als Ihre kleine Schwester unterrichtet wurde? Oder haben Sie fünfzehnjährig bereits siebengängige Menüs gekocht?
- **Sie bringen uns Flow:** Talente verführen uns dazu, etwas Bestimmtes mit so großer Hingabe zu tun, dass wir unsere Grundbedürfnisse (wie etwa Essen, Schlafen) mitunter völlig in den Hintergrund schieben.
- **Sie fordern uns heraus:** Der Umgang mit bestimmten Geräten, Materialien oder Aufgaben fällt uns möglicherweise so leicht, dass wir gar nicht genug davon bekommen können und immer wieder das Gefühl haben, noch viel besser werden zu können. Diese Art der produktiven Unzufriedenheit lässt sich bei musikalisch begabten Menschen genauso finden wie bei Sportlern oder Kochkünstlern.

Anhand der folgenden Übung können Sie feststellen, in welchen Situationen Sie sich besonders wohlgefühlt haben.

◎ Beweissammlung: Talente

Vergangenheit: frühere Talente. Lassen Sie sich Ihre Lieblingsprojekte durch den Kopf gehen. Beantworten Sie die folgenden Fragen und fühlen Sie ihnen nach. Das müssen nicht unbedingt Erfahrungen aus dem Berufsleben oder Studium sein. Denken Sie auch an Ihre Kindheit und an Ihre Schulzeit zurück, an Projekte in Ihrer Freizeit oder während einer Reise. Erinnern Sie sich auch an Familienfeste, Hausbau, Renovierung, Umzug oder an Situationen, in denen Sie Familienangehörige oder Freunde unterstützt haben.

- Was hat Ihnen besonders viel Spaß gemacht?

- Was ist Ihnen besonders gut gelungen?

- Womit konnten Sie anderen eine besondere Freude machen?

- Was hat sich gut angefühlt?

- Was ging Ihnen leicht von der Hand?

- Bei welchen Projekten war es Ihnen ein Vergnügen, morgens früh aufzustehen oder die ganze Nacht durchzuarbeiten?

Was geht Ihnen leicht von der Hand?

analysieren	entscheiden	lehren	mit Technik beschäftigen
argumentieren	entwerfen	lesen	
ausbilden	entwickeln	liefern	mit Tieren beschäftigen
ausstellen	erfinden	malen	
auswählen	fahren	managen	mit Menschen beschäftigen
bauen	herstellen	motivieren	
beaufsichtigen	installieren	musizieren	veranstalten
befragen	intuitiv sein	organisieren	verhandeln
behandeln	kalkulieren	pflanzen	verkaufen
beraten	klassifizieren	reisen	vermitteln
bereitstellen	kochen	repräsentieren	verschönern
bestimmen	korrigieren	restaurieren	verwalten
bewirten	kommunizieren	sammeln	wirtschaften
darstellen	konzipieren	schreiben	zeichnen
einfühlen	kreativ sein	spielen	zuhören

Ihre Lieblingsprojekte müssen keine riesigen Aktionen mit gewaltigen Budgets sein. Wählen Sie die drei Projekte aus, die Ihnen am meisten bedeuten, und benennen Sie Ihr besonderes Talent, das jeweils dahinter stand:

1. _____

2. _____

3. _____

Vision: neu entdeckte Talente. Sicherlich haben Sie nun schon einige Ihrer Talente identifizieren können. Jetzt geht es um positive Visionen. Stellen Sie sich vor, Sie könnten machen, was Sie möchten – was wäre das?

- Möchten Sie gerne einmal bestimmte Projekte realisieren, weil Sie vermuten, dass Sie dazu Talent haben?
- Welche Projekte wären das? Suchen Sie höchstens drei Projekte aus.

1. _____

2. _____

3. _____

Gehen Sie nun jedes dieser drei Projekte in Gedanken durch. Bitte gehen Sie während dieser Fantasiereise davon aus, dass Sie tatsächlich und ohne jeden Zweifel über das Talent verfügen, das Sie bei sich vermuten, dass Sie frei agieren können und Ihnen die Mittel zur Verfügung stehen, die Sie brauchen, um Ihr Talent auszuleben.

Versuch: Vertiefen Sie ein Projekt. Schauen Sie sich nun Ihre beiden Listen an. Wow! Was davon möchten Sie nun vertiefen? Suchen Sie sich ein Projekt aus, bei dem Sie ein bestimmtes Talent in der Praxis ausprobieren können:

_____

Und jetzt heißt es: Nur Mut! Zeigen Sie sich! Zum Beispiel so:
- Besuchen Sie jemanden (oder ein Unternehmen oder eine Non-Profit-Organisation), der bereits etwas Ähnliches tut, was Ihnen vorschwebt;
- gucken Sie zu;
- stellen Sie Fragen;
- arbeiten Sie, wenn möglich, einfach einmal mit;
- besuchen Sie Fachmessen;
- besuchen Sie Orte, an denen sich Menschen mit Ihrem Talent typischerweise treffen;

- lesen Sie die Fachzeitschriften und Fachbücher;
- verfolgen Sie Blogs;
- schreiben Sie Beiträge über Projekte oder Personen, die Sie faszinierend finden.

Und? Wie fühlt sich das an?

_____

_____

_____

Sehr gut. Jetzt darf Ihr Verstand wieder mitmachen.

Ihre Talentbiografie

Der Philosoph Kierkegaard soll einmal gesagt haben: »Das Leben kann nur rückwärts verstanden, aber nur vorwärts gelebt werden.« Talentmuster müssten sich also auch in der Rückschau erschließen lassen können. Die folgende Übung soll Ihnen dabei helfen, durch gezielte Fragen Ihre Talente freizulegen und zu formulieren.

Rückschau

Versuchen Sie zu berichten, wo und wie sich Ihre ganz persönlichen Talente in Ihrem Leben gebildet und gezeigt haben. Am besten erzählen Sie von markanten Punkten in Ihrem Lebenslauf, die Ihnen im Hinblick auf diese Talente wichtig und prägend erscheinen. Wenn ein Oberbegriff nicht auf Sie zutrifft, können Sie ihn einfach auslassen.

Kindheit und Jugend

_____
_____
_____
_____
_____

Ausbildung und Studium

_____
_____
_____
_____
_____

Berufseinstieg und Karriere

_____
_____
_____
_____
_____

Unternehmensgründung und -führung

_____
_____
_____
_____
_____

Lebenspartnerschaft

_____
_____
_____
_____
_____

Familiengründung

_____

_____

_____

_____

_____

Einschneidende Erlebnisse, Krisen und Konflikte

_____

_____

_____

_____

_____

Bohren Sie bei besonders markanten Punkten nach. Diese Punkte können Sie erkennen, indem Sie selbst – und besser noch: Sie in Kooperation mit Ihrer Hilfsdetektivin oder Ihrem Hilfsdetektiv – auf sprachliche »Ausweichmanöver« achten. Solche Manöver dienen dazu, unsere Selbstachtung zu schützen. Wir setzen sie unbewusst ein (deshalb handelt es sich auch nicht um Lügen). Zum Beispiel in diesen Formen:

Rationalisierungen. Bestimmte Entwicklungen in Ihrem Leben erklären Sie »mit dem Brustton der Überzeugung«, wobei die von Ihnen vorgebrachten Gründe aber möglicherweise keine große Überzeugungskraft haben. Sie argumentieren dabei rein logisch-intellektuell oder praktisch-lösungsorientiert, ohne auf Ihre Gefühlswelt zu schauen. Zum Beispiel: »In dieser Zeit ist es ein viel zu großes Wagnis, sich selbstständig zu machen.« Hier ist es wichtig, nachzubohren: Vielleicht haben Sie ein sehr gutes unternehmerisches Talent, Ihnen fehlte bisher aber der Mut, dies auszuleben?

Generalisierungen. Sie greifen auf Verallgemeinerungen zurück, um Ihre eigene Biografie zu erklären. »In der Familie hilft man sich eben«, sagen Sie zum Beispiel. Aber war es nicht doch ein Zeichen für Ihr Talent, als Sie Ihrer Schwester bei der Statistik für ihre Diplomarbeit halfen oder Ihren Eltern beim Umbau ihrer Wohnung?

Moralisierungen. Während Sie Ihr Leben erzählen, bewerten Sie sich selbst. Zum Beispiel so: »Ich hatte immer Hauptrollen im Schülertheater und war sehr stolz darauf. Schauspielerin werden, das kam für mich aber nicht infrage. Ich bin doch dem Unternehmen meiner Familie verpflichtet.« Sind Sie das wirklich?

Abwehr. Vielleicht kennen Sie das aus Gesprächen mit Ihrer besten Freundin. Wenn das Thema brenzlig wird, sagen Sie so etwas wie »Na ja, egal«. Oder: »Ach, was soll schon sein.« Diese Versatzstücke können ein Zeichen dafür sein, dass Sie aus dem Gespräch aussteigen, dass Sie sich zurückziehen, etwas nicht wahrhaben wollen, herunterspielen, abwehren. Horchen Sie in sich hinein: Warum haben Sie die Flucht ergriffen? Jagt Ihnen die Spurensuche nach Ihren Talenten einen Schrecken ein?

Wichtig ist, dass Ihr Gegenüber Ihnen dabei hilft, Ihre Geschichte möglichst ausführlich ans Tageslicht zu befördern. Seine Aufgabe ist es *nicht*, Ihre Geschichte beispielsweise zu bewerten. Folgende Fallstricke sollte Ihre Hilfsdetektivin oder Ihr -detektiv kennen und großräumig umfahren:

Dirigieren. Der Hilfsdetektiv sollte keine Ratschläge formulieren oder Befehle aussprechen (»Das solltest du anders machen!«).

Projizieren. Es geht nicht um die Gedanken oder Erfahrungen oder Emotionen des Hilfsdetektivs (»Ich habe auch Wirtschaftspädagogik studiert!«), sondern ganz allein um Ihre.

Deuten. Es ist zwar schön, wenn Ihr Hilfsdetektiv schon nach zehn Sekunden Gespräch herausgefunden hat, was Ihr Talent und welcher Ihr Traumjob ist. Doch um seine Interpretation geht es nicht. Sie müssen selbst auf das Ergebnis kommen! Nur dann ist es die Lösung, an die Sie wirklich glauben können.

Hilfreich ist es, wenn sich Ihre Hilfsdetektivin oder Ihr Hilfsdetektiv im Gespräch mit Ihnen auf Folgendes konzentriert:

Empathie. Ihr Hilfsdetektiv sollte Ihre Gefühle, Bedürfnisse und Ideen wahrnehmen und formulieren können. Zum Beispiel: »Du hast das Gefühl, dass in dir ein Organisationstalent schlummert?« Oder: »Du machst dir Gedanken darüber, ob diese Fähigkeit von dir tatsächlich ein Talent ist?«

Nachfragen. Es geht um Ihre Erinnerungen, Ihr Befinden, Ihre Gefühle, Ihre Wünsche und Ihre Ziele. Im Idealfall sollte Ihr Hilfsdetektiv Sie dabei unterstützen können, diese zu äußern oder genauer zu beschreiben. (»Hast du über diese Idee schon einmal mit deiner Familie gesprochen?«)

Ernst nehmen. Sie sind der Experte für Ihr Leben! Sie haben die kompetenteste Einschätzung für Ihre Belange, und Sie sind derjenige, der handelt. Ihr Hilfsdetektiv sollte also der Versuchung widerstehen, sich zu Ihrem Lebensexperten aufzuschwingen.

Auf Stärken konzentrieren. Ihr Hilfsdetektiv sollte Ihnen helfen, auf Ihre psychischen Stärken und auf die Stärken Ihres sozialen Umfelds zu schauen (»Wer hat dich damals am meisten unterstützt?«), und sich nicht etwa dazu verleiten lassen, in Ihren Schwächen herumzubohren (»Hast du Angst, dass dieser Erfolg nur eine Eintagsfliege war und du tatsächlich doch kein Talent hast?«)

◎ Zusammenhänge finden

Wenn Sie Ihre Talentbiografie aus den Tiefen Ihrer Erinnerung herausgezogen haben, geht es jetzt darum, systematische Zusammenhänge sichtbar zu machen.

Haben sich Ihre Talente immer an besonderen Wendepunkten gezeigt oder unter besonderen Bedingungen?

_____
_____
_____
_____
_____

Ist ein verborgenes Talent an verschiedenen Stellen in Ihrer Biografie bereits undeutlich sichtbar geworden?

_____
_____
_____
_____
_____

Oder kam es zu Krisen, weil ein bestimmtes Talent sich nicht zeigen durfte?

_____
_____
_____
_____
_____

Gerade die Krisen scheinen mir nicht nur im Hinblick auf die Verinnerlichung von Werten bedeutsam, sondern auch für das Aufblitzen von Talenten. Denn Krisen haben oft damit zu tun, dass die im Kopf bereits ausgebildeten Muster nicht mehr zu den materiellen oder sozialen Ordnungen in Gruppen, Organisationen oder Unternehmen passen, schlicht und ergreifend deshalb, weil sie sich in der Zwischenzeit geändert haben. In einer solchen Situation bleibt uns nichts anderes übrig, als unsere alten Ordnungsmuster zu verlassen, durch eine Phase des Chaos zu gehen und eine neue Ordnung zu finden und zu etablieren.

Talent ist nicht messbar

Messbare Leistungen lassen sich nicht einfach so mit einem Talent erklären, weil man das Talent an sich nicht so einfach messen kann. Experten sind sich aber einig, dass etwa die Hälfte unserer Persönlichkeitsstruktur (also auch unserer Begabungen) angeboren ist, während die andere Hälfte durch Herkunft und Milieu des Elternhauses, Kultur, Erziehung, Bildung und letztendlich auch durch eine Menge Zufälle beeinflusst wird. In diesem Zusammenspiel bilden sich die Lieblingsfähigkeiten heraus. Schön und gut. Doch das ist noch recht unsystematisch. Howard Gardner, der unter anderem Psychologie an der Harvard University lehrt, hat Anfang der 1980er Jahre eine *Theorie der multiplen Intelligenzen* aufgestellt – und genau diese können wir jetzt gut gebrauchen.

In seinen empirischen Studien beschäftigte sich Gardner einerseits mit normal und überdurchschnittlich begabten Kindern und andererseits mit Patienten, die Hirnverletzungen erlitten hatten. Seine Ergebnisse ließen ihn an der traditionellen Definition einer einzigen, mit psychometrischen Standardinstrumenten messbaren Intelligenz zweifeln. Er setzte zunächst sieben andere Intelligenzbegriffe dagegen (*linguistic, logical-mathematical, musical, spatial, bodily-kinesthetic, interpersonal, intrapersonal*), in jüngerer Zeit definierte er einen achten Begriff (*naturalist*) und arbeitet im Moment an einem möglichen neunten (*existential*). Grundlegend an Gardners Theorie ist die Annahme, dass alle Menschen über diese acht oder neun Intelligenzen verfügen und genau dies die Grundlage unseres

Menschseins darstelle. Gleichzeitig gebe es nirgendwo auf der Welt zwei Menschen – und das treffe sogar auf eineiige Zwillinge zu – mit einem identischen Intelligenzprofil.

Gardners Theorie wird übrigens heftig kritisiert. Gleichzeitig hat sein Ansatz aber starken Einfluss auf die Bildungspolitik vieler Länder diese Welt ausgeübt.

Multiple Intelligenzen nach Howard Gardner

Sprachliche Intelligenz. Zu dieser Intelligenz zählt die Sensibilität für die gesprochene und die geschriebene Sprache, für ihre Klänge und ihren Rhythmus. Dazu zählt auch das Verständnis der Bedeutung und Funktion der Sprache, die Fähigkeit, Sprachen zu lernen und zu gebrauchen. Beispiele: Schriftsteller, Redner, Rechtsanwälte.

Logisch-mathematische Intelligenz. Dazu zählt die Fähigkeit, logische und numerische Muster zu erkennen, mathematische Operationen durchzuführen, Probleme logisch zu analysieren und komplexe Schlüsse zu ziehen. Beispiele: Mathematiker, Naturwissenschaftler, Statistiker.

Musikalische Intelligenz. Musikalische Intelligenz bedeutet die Fähigkeit, verschiedene Rhythmen, Tonhöhen, Harmonien und Klangqualitäten wahrzunehmen und hervorzubringen und verschiedene Formen und Prinzipien des musikalischen Ausdrucks erkennen und wertschätzen zu können. Beispiele: Komponisten, Dirigenten, Instrumentalmusiker, Sänger.

Räumliche Intelligenz. Dazu zählt die Fähigkeit, die Struktur von Räumen zu erfassen, sich darin zu orientieren und zu bewegen und Räume zu verändern. Beispiele: Seeleute und Piloten, Bildhauer, Architekten und Ingenieure, Chirurgen, Schachspieler.

Körperlich-kinästhetische Intelligenz. Diese Intelligenz bezeichnet das Potenzial, den Körper und einzelne Körperteile so zu kontrollieren und zu koordinieren, dass sportliche oder darstellerische Leistungen erbracht oder handwerkliche Aufgaben gelöst werden können. Beispiele: Sportler, Schauspieler, Handwerker, Angehörige technischer Berufe, Chirurgen.

Interpersonale Intelligenz (auch: soziale Intelligenz). Diese Intelligenz meint die Fähigkeit, Stimmungen, Temperamente, Motive und Wünsche anderer Menschen zu verstehen und auf diese einzugehen. Beispiele: Therapeuten, Verkäufer, Lehrer, Ärzte.

Intrapersonale Intelligenz (auch: emotionale Intelligenz). Damit ist die Fähigkeit gemeint, die eigenen Gefühle, Wünsche, Ängste, Stärken und Schwächen zu verstehen und sich entsprechend differenziert zu verhalten. Beispiele: darstellende Künstler, Schriftsteller, Schauspieler.

Naturalistische Intelligenz. Gardner hat diesen achten Intelligenzbegriff aufgenommen, um die Fähigkeit zu beschreiben, Muster in der Natur wahrzunehmen und zu verstehen. Beispiele: Biologen, Geologen.

Existenzielle Intelligenz. In jüngster Zeit zieht Gardner den Begriff der existenziellen oder spirituellen Intelligenz in Betracht, bei der es um grundlegende Fragen des Daseins geht. Beispiele: religiöse oder geistige Führer, Philosophen.

Ihr Talentprofil

Schauen Sie sich die Liste in Ruhe an. Welche Intelligenzen sind bei Ihnen besonders stark ausgeprägt? Und bei welchen Intelligenzformen fühlen Sie sich weniger stark? Tragen Sie in der folgenden Tabelle Ihr persönliches Profil ein.

Fähigkeit	– –	–	0	+	+ +
Sprache					
Logik/Mathematik					
Musik					
Raum					
Körper/Bewegung					
interpersonal/sozial					
intrapersonal/emotional					
Natur					
Spiritualität					

Wichtig zu wissen: Ihre Talente können sehr ungleich verteilt sein. So ist es möglich, dass Sie im Fach Mathematik außerordentlich begabt sind, sich aber verlaufen, sobald Sie aus Ihrer Haustür kommen. Oder Sie erkennen Musikstücke schon nach drei Takten, können aber 17 und 32 nicht im Kopf zusammenrechnen. Vielleicht spüren Sie auch sehr stark, wie es bestimmten Bäumen in Ihrem Lieblingspark zumute ist, sind sich aber über Ihre eigenen Gefühle oft nicht so recht im Klaren. Das macht überhaupt nichts. Ihr Intelligenzprofil hat in keiner Weise etwas mit dem »Wert« Ihrer Person oder Ihrer Persönlichkeit zu tun. Sie sind eben so, wie Sie sind. Völlig einzigartig und unbeschreiblich wertvoll. Und ganz egal, wie Sie sind, es gibt einen Traumjob, der ganz genau zu Ihrem Profil passt!

Und jetzt blättern Sie bitte dieses Kapitel noch einmal durch und ziehen Sie mutig Bilanz. Was sind Ihre Lieblingstalente?

Talente

1. _____

2. _____

3. _____

4. _____

5. _____

2. Interessen: Was interessiert Sie? Worüber wissen Sie am meisten?

<u>Interessen</u>

Was interessiert mich wirklich?

Worüber weiß ich am meisten?

Welche Themen im Kino, Fernsehen oder in Büchern interessieren mich?

Worüber unterhalte ich mich am liebsten mit Freunden?

Was sind meine Hobbys?

Jetzt darf sich Ihr Verstand eine Runde ausruhen, denn nun sind wieder Ihre somatischen Marker dran. Wenn Sie im Folgenden Ihre ureigensten Interessen erkunden, brauchen Sie lediglich auf Ihre inneren Signale zu hören, auf Ihre Empfindungen zu schauen oder, wenn es Ihnen so am leichtesten fällt, in Ihre Körperfasern hineinzuspüren. Als Erstes möchte ich mit Ihnen zusammen ein Detektivspiel unternehmen. Und zwar bei Ihnen zu Hause.

Wenn Sie davon ausgehen, dass es den perfekten Job für Sie gibt und Sie ihn nur noch nicht kennen, dann gilt genauso: Sie haben ein ganz individuelles und faszinierendes Interessenprofil, auch wenn Sie es im Moment vielleicht nicht genau benennen können.

Wetten, dass Sie es nach einer halben Stunde Detektivarbeit herausfinden können? Dann schnappen Sie sich Stift und Papier und machen Sie sich auf die Suche (eine Lupe brauchen Sie wahrscheinlich nicht, vielleicht legen Sie sich aber den Soundtrack Ihres Lieblings-Private-Investigator-Films in den CD-Player). Stellen Sie sich vor, Sie seien ein Detektiv und müssten herausfinden, wer Sie sind. Wie Sie ticken. Schleichen Sie von Schauplatz zu Schauplatz und notieren Sie alles, was Ihnen verdächtig erscheint – weil es etwas über Ihre Interessen verraten könnte.

Ermittlung: Wer sind Sie?

Ihr Lieblingsplatz
Was liegt hier: Ein Buch? Eine Zeitschrift? Ein Schachspiel? Drei Schokoladensorten? Urlaubsprospekte? Möbelhausreklame?

_____

_____

Was würden Sie gerne hier deponieren, wozu Ihnen aber der Mut fehlt?

_____

_____

Ihr Bücherregal
Welche Themen sind wie stark vertreten (zum Beispiel Philosophie, Kochen, Sport, Wirtschaft, Film, Urlaub, Erziehung, Gesundheit, Mode, Liebe, Geschichte, Garten, Politik, Fantasy, Naturwissenschaft, Spiritualität, Architektur – um ungeordnet Beispiele zu nennen)?

_____

_____

Was steht in Augenhöhe?

_____

_____

Was haben Sie ganz oben, ganz unten oder in der zweiten Reihe versteckt – und warum?

_____

_____

Ihre Mediensammlung

Welche Art von Musik hören Sie gerne?

_____

_____

Was steht wo und warum?

_____

_____

Welche Filme schauen Sie mit Vorliebe?

_____

_____

Welche Themen verbinden Sie damit?

_____

_____

Ihr Kleiderschrank

Welche Art von Kleidung besitzen Sie (Business, Freizeit, Sport, Abendgarderobe)?

_____

_____

Was tragen Sie am liebsten und zu welchen Gelegenheiten?

_____

_____

Gibt es etwas, das Sie zwar gerne tragen würden, aber keine Gelegenheit dazu finden?

_____

_____

Auf welche Lieblingsthemen lässt das schließen?

_____

_____

Ihre Küche

Wenn Sie gern kochen: Was kochen Sie und für wen?

_____

_____

Wenn Sie sich lieber bekochen lassen: Was darf es sein?

_____

_____

Auf welche Interessen lässt das schließen?

_____

_____

Keller und Dachboden

Welche Werkzeuge, Sportgeräte, Sammlungen bewahren Sie hier auf?

_____

_____

Was davon benutzen Sie regelmäßig?

_____

_____

Haben Sie hier irgendetwas vergraben, das Ihnen wichtig ist?

_____

_____

Sie selbst

Welche Ressorts Ihrer Tageszeitung lesen Sie zuerst?

_____

_____

Wenn Sie mit Freunden sprechen: Worüber unterhalten Sie sich am liebsten?

_____

_____

Wenn Sie sich durchs Fernsehprogramm zappen oder im Internet herumsurfen: Wo bleiben Sie hängen?

_____

_____

Zu welchen Themen geben Sie selbst gerne Auskunft?

_____

_____

Ihr soziales Umfeld

Was sind die Lieblingsthemen Ihrer besten Freundinnen und Freunde?

_____

_____

Wofür interessieren sich Ihre persönlichen Vorbilder?

_____

_____

Erste Schlüsse

Sehen Sie sich die Notizen Ihrer Ermittlung an: Welches sind Ihre drei stärksten Interessen?

1. _____
2. _____
3. _____

Gibt es Interessen, die Sie aus irgendeinem Grund im Moment verstecken? Welche sind das?

1. _____
2. _____
3. _____

Wie fühlt sich das an, wenn Sie diese Themengebiete schwarz auf weiß vor sich sehen? Jetzt geht es darum, Ihre ersten Befunde abzusichern und zu erweitern, und zwar wieder mithilfe Ihrer somatischen Marker.

Beweissammlung: Interessen

Vergangenheit: frühe Interessen

Womit haben Sie sich als Kind beschäftigt? Was haben Sie mit Ihren Geschwistern oder Ihren Freunden am liebsten gespielt? Welche waren Ihre Lieblingsspielsachen? Was haben Sie am liebsten gelesen?

- Welche Hobbys hatten Sie als Kind?
- Was waren Ihre Lieblingsschulfächer in der Grundschule, in der weiterführenden Schule und später in der Ausbildung?
- Kannten Sie sich in bestimmten Themen so gut aus, dass Sie schon als Kind als Experte galten und über ein bestimmtes Fach-Vokabular verfügten (zum Beispiel Skateboard-Tricks, Dinosaurier oder Chemie)?

- Gab es Themen, für die Sie sich so interessiert haben, dass Sie auf eigene Faust immer mehr darüber herausfinden wollten?
- Welche Themen haben Ihnen in Ihrer Vergangenheit am meisten bedeutet? Wählen Sie drei Themen aus.

1. _____
2. _____
3. _____

Vision: neue Interessen

Über welche Themen möchten Sie im Moment gerne mehr erfahren (zum Beispiel Hirnforschung, Spiritualität, Nahostkonflikt), kommen aber aus welchen Gründen auch immer nicht dazu?

- Welche Themen sind das? Suchen Sie drei Themen aus.

  1. _____
  2. _____
  3. _____

- Stellen Sie sich nun vor, Sie hätten alle Zeit der Welt und genug Mittel, um sich Informationen zu beschaffen oder mit Experten zu sprechen. Was würden Sie zuerst unternehmen?
- Wo genau würden Sie nach Informationen suchen?
- Mit wem würden Sie sprechen wollen?
- Was würden Sie ausprobieren wollen?
- Wie fühlt sich das alles an?

_____
_____
_____

Versuch: Schnuppern Sie in neue Interessengebiete hinein

Überlegen Sie: Welche Interessensgebiete, die Sie früher liebten und/oder im Moment eher versteckt halten, wollen Sie eigentlich gern einmal erkunden?

- Wo wollen Sie probehalber einmal hineinschnuppern?
- Wie könnten Sie das tun? (Hier gelten die gleichen Anregungen wie auf Seite 64, im Abschnitt »Talente«.)
- Und? Wie fühlt sich das an?

_____

_____

_____

Möglicherweise sind Sie jetzt ziemlich erschöpft. Es ist tatsächlich sehr anstrengend, Erinnerungen nachzuspüren oder verschütteten Wünschen, doch diese Anstrengung lohnt sich: Falls Sie bisher dachten, dass Sie über keine besonderen Talente oder Interessen verfügen, dann zeigt Ihnen diese Übung, dass das Gegenteil der Fall ist.

Jetzt dürfen Sie sich jetzt erst einmal eine kleine Kaffeepause gönnen – und lassen anschließend wieder Ihren Verstand für Sie auf Traumjobsuche gehen.

Sechs Interessentypen

Jetzt noch einmal mit System: Wenn wir uns alle möglichen Interessen auf dieser Welt gleichzeitig vorstellen, finden wir uns in einer Art Begriffswolke wieder, die ziemlich undurchsichtig ist. Bis wir auf den US-amerikanische Psychologen John L. Holland stoßen, der dieses Wolkengebilde seit den 1970er Jahren an der Johns Hopkins University in sechs übersichtliche Schubladen gepackt hat. Für jede Schublade gibt es einen Buchstaben, die man auch zusammen aussprechen (RIASEC) und sich deshalb wunderbar merken kann. _RIASEC_ setzt sich aus den Initialen der sechs Interessen zusammen, die Holland seiner Klassifikation zugrunde gelegt hat. Für Holland sind die Interessen eines Menschen ein Hinweis auf seinen Persönlichkeitstyp. Er unterscheidet sechs Typen – der Einfachheit halber habe ich sie gleich für unser Thema übersetzt:

R ealistic: die Macher

I nvestigative: die Denker

A rtistic: die Schöpfer

S ocial: die Helfer

E nterprising: die Manager

C onventional: die Organisatoren

Seine Theorie der Berufswahl ist im Grunde recht einfach: Je besser eine Person mit ihren Interessen zu einem Beruf passt, der ebenfalls für bestimmte Interessen steht, desto zufriedener und erfolgreicher wird sie sein. (Gleichzeitig ist sie nicht ganz unproblematisch: Holland bezieht nicht mit ein, dass Interessen sich auch im Zusammenspiel mit einem Beruf entwickeln und verändern können – doch dies nur am Rande.)

Hollands Modell wird auch als Grundlage zu einem Berufsinteressentest verwendet, und zwar zum *Allgemeinen Interessen-Struktur-Test* AIST von Bergmann und Eder (Vertrieb über *www.hogrefe-testsystem.de*). Der Test besteht aus 60 Items, mit denen die sechs Holland'schen Interessendimensionen gemessen werden. Das Antwortformat ist fünffach abgestuft (»Das interessiert mich sehr« bis »Das tue ich ungern«).

Ich habe für Sie einen kleineren Test zusammengestellt, mit dem Sie Ihr Interessenprofil ermitteln können. Lesen Sie sich dazu die folgenden Interessentypen nach Holland durch und kreuzen Sie anschließend an, in welcher Beschreibung Sie sich am ehesten wiederfinden.

Macher: praktisch-technische Orientierung. Mit Vorliebe üben die Macher Tätigkeiten aus, die Kraft, Koordination und Geschicklichkeit erfordern. Sie arbeiten gerne mit konkreten Materialien, mit

Werkzeugen oder Maschinen. Ihre Fähigkeiten liegen im mechanischen, technischen, elektrotechnischen und landwirtschaftlichen Bereich, weniger bei erzieherischen oder sozialen Tätigkeiten. Wichtig sind ihnen Geld, Macht und sozialer Status. Beispiele: Handwerker, Maschinenbauer, Bauingenieure.

Denker: intellektuell-forschende Orientierung. Die Denker lieben es, mathematischen, naturwissenschaftlichen oder kulturellen Phänomenen auf den Grund zu gehen, Zusammenhänge aufzudecken und Probleme zu lösen. Soziale oder sich wiederholende Tätigkeiten mögen sie weniger. Wichtig sind ihnen Erkenntnisse und Wissenschaft. Beispiele: technische, mathematische und naturwissenschaftliche Berufe.

Schöpfer: künstlerisch-sprachliche Orientierung. Der freie Umgang mit Material, Sprache und Menschen, künstlerische Selbstdarstellung oder kreative Produktion – das lieben die Schöpfer. Weniger mögen sie klar abgegrenzte, systematische und geordnete Tätigkeiten. Wichtig sind ihnen ästhetische Werte. Beispiele: (Kunst-)Handwerker, künstlerische und freie Berufe (aus den Bereichen Sprache, bildende Kunst, Musik, Schauspiel).

Helfer: soziale Orientierung. Unterrichten, Lehren, Ausbilden, Versorgen oder Pflegen sind die Tätigkeiten, für die sich die Helfer am meisten interessieren. Systematische oder handwerkliche Tätigkeiten liegen ihnen weniger. Wichtig sind ihnen soziale und ethische Fragestellungen. Beispiele: soziale Dienst- und Fürsorgeleistungen (wie Krankenschwestern, Friseure, Masseure) oder pädagogische, beratende, medizinische und therapeutische Berufe.

Manager: unternehmerische Orientierung. Führen und überzeugen, um bestimmte Ziele zu erreichen – das liegt den Managern. Weniger gern beobachten sie oder arbeiten etwas systematisch ab. Im Mittelpunkt ihres Wertsystems steht der soziale, politische und ökonomische Erfolg. Beispiele: Berufe im Vertrieb, Freiberufler, Unternehmer, Manager.

Organisatoren: konventionelle Orientierung. Dokumentieren, aufzeichnen, strukturieren, auswerten, ordnen, rechnen, verwalten – das entspricht dem Faible der Organisatoren. Weniger gut liegen ihnen offene, unstrukturierte Tätigkeiten. Ein grundlegender Wert ist Ordnung. Beispiele: Erfassung und Verwaltung von Daten (Buchhalter, Verwaltungsberufe), Kombination von Daten, Regeln und Gesetzen (juristische Berufe).

Ihr Interessenprofil

Jetzt können Sie hier eine kleine Selbsteinschätzung im Hinblick auf Ihr Interessenprofil vornehmen.

Interessen	– –	–	0	+	+ +
praktisch-technisch					
intellektuell-forschend					
künstlerisch-sprachlich					
sozial					
unternehmerisch					
konventionell					

Wie fühlen Sie sich jetzt? Schwirrt Ihnen der Kopf? Sie haben sich eine gute Tasse Kaffee oder Tee verdient und mindestens drei Kekse. Doch vorher blättern Sie bitte noch einmal diesen Abschnitt durch und entscheiden Sie sich für Ihre wichtigsten Interessen.

Interessen

1. _____

2. _____

3. _____

4. _____

5. _____

3. Kompetenzen:
Was können Sie?

Kompetenzen

Jeder Beruf hat mit Gegenständen zu tun, und diese Gegenstände können uns Aufschluss über unsere Kompetenzen geben.

Bevor man sich für einen Beruf entscheidet, sollte man herausfinden, mit welchen Gegenständen man besonders gerne umgeht.

Mit welchen Gegenständen habe ich gern zu tun?

Kommen wir nun zur *material world*. Jetzt wird es ganz konkret, aber das heißt nicht, dass es ganz einfach wird. Vor allem nicht für diejenigen unter Ihnen, die in ihrem Job so viel mit unfassbarem Wissen und virtuellen Daten zu tun haben, dass sie mit Gegenständen vermeintlich kaum noch in Berührung kommen. Lassen Sie uns die nächste Übung trotzdem wagen, denn jeder Beruf hat in irgendeiner Art und Weise mit Dingen zu tun – und diese Dinge können uns Aufschluss geben über Ihre Kompetenzen. Bevor Sie sich für einen Beruf entscheiden, sollten Sie deshalb herausfinden, mit welchen Gegenständen Sie besonders gerne umgehen.

Ermittlung: Was sind Ihre Lieblingsgegenstände?

Schlüpfen Sie wieder in die Rolle der Traumjobdetektivin, summen Sie die
Titelmelodie Ihres Lieblingskrimis und untersuchen Sie Ihre Umgebung:
Welches sind Ihre Lieblingsgegenstände …

… in Ihrem Büro?

_____

_____

… auf Ihrem Schreibtisch?

_____

_____

… in Ihrer Handtasche/Aktentasche?

_____

_____

… in Ihrer Werkstatt?

_____

_____

… in Ihrer Küche?

_____

_____

… in Ihrem Garten?

_____

_____

… unter Ihren Wohnaccessoires und Möbeln?

_____

_____

Erste Schlüsse

Vielleicht lieben Sie Ihren Swopper-Stuhl, Ihren kleinen Terminkalender, Ihren Füllfederhalter, Ihr Mobiltelefon, Ihren schicken Laptop und Ihre formschöne Schreibtischlampe? Oder fühlen Sie eine magische Verbindung zu Ihrer tollen Hightech-Bratpfanne, Ihrer Sammlung seltener Gewürzsoßen und dem großen Kochmesser aus 32 Lagen gefaltetem Damaststahl, das so besonders gut in der Hand liegt? Oder lieben Sie Ihre dicken Filzstifte und Ihren Flipchart über alles? Welche sind Ihre Lieblingsgegenstände, und auf welche Lieblingstätigkeiten lassen sie schließen?

1. _____
2. _____
3. _____

Um keine vorschnellen Schlüsse zu ziehen, machen wir jetzt noch die Probe aufs Exempel und durchlaufen noch einmal die drei Schritte Vergangenheit – Vision – Versuch, um Ihre somatischen Marker wach zu kitzeln.

Beweissammlung: Gegenstände

Vergangenheit: frühere Lieblingsgegenstände

- Mit welchen Dingen haben Sie sich in Ihrer Kindheit und Jugend besonders gerne beschäftigt?
- Um welche Gegenstände haben Sie mit Ihren Freunden oder Geschwistern am häufigsten gerangelt?
- Hatten Sie eine kleine Schatzkiste? Was war darin?
- Welche drei Gegenstände waren Ihnen in Ihrer Vergangenheit besonders wichtig?

1. _____
2. _____
3. _____

Vision: neue Lieblingsgegenstände
- Welche Gegenstände stehen auf Ihrer Wunschliste?
- Womit würden Sie gerne umgehen?
- Was schauen Sie sich in Katalogen, im Internet oder in Schaufenstern immer wieder an?
- Wenn Geld und Aufwand keine Rolle spielen würden: Welche drei Gegenstände würden Sie gerne haben?

1. _____
2. _____
3. _____

Versuch: Probieren Sie neue Gegenstände aus. Auch wenn es für Sie im Moment nicht möglich sein sollte, sich einen 5 000-Euro-Gasherd zu kaufen, eine Bandsäge, ein Cello, einen neuen Computer oder einen dieser wahnsinnig schicken Schreibtischstühle: Nehmen Sie Tuchfühlung auf! Gehen Sie in Geschäfte, fassen Sie Ihre Lieblingsgegenstände an, sitzen Sie Probe, streichen Sie über das Material, riechen Sie, schauen Sie. Wie fühlen Sie sich dabei?

_____
_____
_____

Lassen Sie sich loben

Sind Sie nun einen Schritt weitergekommen? Oder tappen Sie noch mehr im Dunkeln als je zuvor? Dann haben Sie eine weitere Möglichkeit, das Geheimnis der Berufsfindung zu lüften. Dazu brauchen Sie das, was gute Detektive immer haben: Mitstreiter – seien es nun Detektivkollegen oder Assistenten.

Fragen Sie also Ihren besten Freund, Ihre liebste Schwester oder wen auch immer um ihre Hilfe. Wenn Sie dazu zu schüchtern sind oder einfach keine Lust dazu haben, ist das auch kein Problem, dann denken Sie sich Ihren Hilfsdetektiv eben aus. Fühlen Sie sich dabei völlig frei: Befragen Sie fiktive Personen, Leute, die Sie einmal gekannt oder getroffen haben, Romanfiguren, Filmhelden, Superstars, Nobelpreisträger – wen auch immer. Wichtig ist lediglich, dass Sie den Antworten dieser Detektive eine Bedeutung beimessen.

Fremdeinschätzung

Stellen Sie Ihrem Hilfsdetektiv beispielsweise folgende Fragen:

- Was kann ich deiner Meinung nach besonders gut?
- Wenn du dir vorstellst, was ich besonders gut kann, an welche Dinge, Geräte, Materialien denkst du dann?
- Was genau tue ich damit?

Lassen Sie sich loben. Hören Sie einfach zu, ohne Witze zu machen, Ihre Fähigkeiten herunterzuspielen oder die Aussagen Ihrer Hilfsdetektive infrage zu stellen. Nehmen Sie das Lob an und bedanken Sie sich herzlich und aufrichtig dafür. Notieren Sie hier die wichtigsten Erkenntnisse aus den Lobreden (auch wenn Sie sich dabei komisch fühlen, falls man Ihnen die Kunst des Selbstlobs schon vor etlichen Dekaden ausgetrieben haben sollte): Was können Sie gut, und mit welchen Gegenständen stehen diese Fähigkeiten in Verbindung?

1. _____
2. _____
3. _____

Von der Ordnung der Dinge

Um die Gegenstände, denen Sie nachgespürt haben, in eine Systematik zu bringen, blättere ich noch mal im *Handbuch Kompetenzmessung* von John Erpenbeck und Lutz von Rosenstiel nach. Die Autoren unterscheiden zwei verschiedene Formen von Problemlösungsprozessen, die zwei unterschiedliche Kompetenztypen erfordern – und die sich, schlussfolgere ich, mit ganz speziellen Gegenständen verbinden lassen.

Welcher Kompetenztyp sind Sie?

Von welchen Gegenständen fühlen Sie sich angesprochen? Kreuzen Sie sie an! Je mehr Kreuzchen Sie in einem Fragenblock setzen, desto stärker entsprechen Sie dem jeweiligen Kompetenztyp.

- ○ Maschinen, Werkzeuge, Holz, Stein, Metall, Textilien, Leder, Mehl, Zucker, Butter? Sie lieben offenbar alles, was man zur Lösung praktischer Probleme und zur Produktion braucht.
- ○ Papier, Schreibgeräte, Computer, Software, Archive, Bücher? Dann mögen Sie alles, was man zur Lösung theoretischer Probleme braucht.
- ○ Mode, Schuhe, Handtaschen, Brillen, Kosmetik, Spielzeug? Das Thema Verkauf reizt sie (oder Shopping?).
- ○ Pflanzen, Tiere, Erde, Holz, Steine? Sie fühlen sich zu naturverbundenen Aufgaben hingezogen.
- ○ Instrumente und Noten? Oder Werkzeuge, Skizzen, Farben, Papier, Ton, Holz, Metall? Oder Kamera und Fotoapparat? Dann stellen Sie sich gerne künstlerischen Aufgaben.
- ○ Medizinische Instrumente, Arzneimittel, Ihre eigenen Hände? Sie mögen medizinische Aufgaben.
- ○ Koffer, Flugtickets, Reiseutensilien? Fliegen, fahren, reisen – das spricht Sie an.

○ Porzellan, Besteck, Tischdecken, Speisekarten, Karaffen? Sie scheinen die Gastronomie zu mögen.

Typ 1. Alle diese Gegenstände weisen auf Typ 1 hin. Hier geht es um Prozesse, bei denen das Ziel bekannt ist (zum Beispiel: einen Tisch bauen). Es kommt auf fachlich-methodische Kompetenzen an und damit auf die Fähigkeit zur Selbststeuerung.

Hinter diesem Typ stehen oft handwerkliche, technische, naturwissenschaftliche oder verwaltende Berufe. In den meisten Jobs bilden solche Fähigkeiten die Grundlage, reichen aber allein nicht aus. (So muss ein Manager in der Automobilindustrie zum Beispiel grundsätzlich verstanden haben, wie so ein Auto funktioniert, und zusätzlich über starke kommunikative Fähigkeiten verfügen.)

Und damit kommen wir zu den nächsten Problemlösungsprozessen mit ihren typischen Gegenständen:

○ Tisch, Stühle, Flipchart, Computer und Beamer, Papier, Stifte, Kaffee, Kekse? Meetings sind Ihre Sache.
○ Computer, Telefon und jegliche andere Form der Kommunikationstechnik, Terminplaner, Firmenwagen? Sie organisieren, kommunizieren, sammeln Meinungen und Stimmungsbilder, bündeln Energien.

Typ 2. Diese Gegenstände lassen auf Typ 2 schließen. Bei diesen Prozessen ist das Ziel relativ offen (zum Beispiel: die Zusammenarbeit zwischen zwei Abteilungen verbessern). Deshalb kommt es vor allem auf personale, sozial-kommunikative und aktivitätsorientierte Kompetenzen an und damit vor allem auf die Fähigkeit zur Selbstorganisation.

Wenn Ihre Stärken in diesem Bereich liegen, haben Sie oft mit Gegenständen zu tun, die wir heute im Job als so alltäglich erleben, dass wir sie kaum noch wahrnehmen. Viel davon haben wir außerdem auch zu Hause stehen (Laptop, Terminkalender, Telefon). Interessant ist auch, dass es bei derartigen Dingen oft gar nicht mehr nur um die Funktion geht, sondern sehr stark um das Prestige, die Marke. Wer sich als Grafiker etablieren möchte, fühlt sich wahrscheinlich nicht zu einem Laptop hingezogen, den es donnerstags billig beim Discounter gibt.

Doch was genau ist mit fachlich-methodischen, personalen, sozial-kommunikativen und aktivitätsorientierten Kompetenzen gemeint? Erpenbeck und Rosenstiel erklären ihre Systematik der Kompetenzklassen so:

Typ 1: fachlich-methodische Kompetenz. Probleme lösen, Wissen einordnen, Methoden einsetzen und entwickeln, und zwar mithilfe fachlicher und instrumentelle Kenntnisse – darum geht es hier.

Typ 2 umfasst drei Kompetenzfelder:
- *Personale Kompetenz.* Damit ist zum Beispiel die Fähigkeit zum selbstorganisierten Handeln gemeint, in Bezug auf das eigene Wertesystem, die eigenen Motive und Selbstbilder und auf die Entwicklung eigener Begabungen, eigenen Wissens und eigener Leistungsvorsätze.
- *Aktivitäts- und umsetzungsorientierte Kompetenzen.* Hier geht es um die Fähigkeit, Absichten und Pläne mit starkem Willen umzusetzen und Handlungen erfolgreich zu realisieren.
- *Sozial-kommunikative Kompetenzen.* Diese Fähigkeit schließlich versetzt uns in die Lage, gemeinsam zu arbeiten, Pläne zu entwickeln und Ziele zu erreichen.

Das heißt also, dass Ihre spezifischen Lieblingsgegenstände (also etwa Bandsäge statt Laptop) auf Ihre fachlich-methodischen Kompetenzen hinweisen, die Hinweise auf Ihren Traumjob vom Typ 1 geben können. Wenn Sie außerdem über starke kommunikative oder organisatorische Fähigkeiten verfügen, also zu Jobs vom Typ 2 neigen, sind Ihre Lieblingsgegenstände wahrscheinlich weniger signifikant (Telefon).

Ihr Kompetenzprofil

In die folgende Tabelle können Sie nun Ihre Präferenzen eintragen und sie bewerten.

Kompetenzen	– –	–	0	+	+ +
Fachlich-methodische Kompetenzen					
Personale Kompetenzen					
Aktivitäts- und umsetzungs-orientierte Kompetenzen					
Sozial-kommunikative Kompetenzen					

Es kann übrigens durchaus sein, dass Sie Backbleche, Butter und Gebäck lieben und gleichzeitig eine Passion für Flipcharts und Seminarstühle haben (so sieht mein Profil aus). Das macht gar nichts – im Gegenteil: Das macht die Sache besonders spannend.

Wenn Sie es schaffen, auch scheinbar auseinanderstrebende Neigungen zu verbinden, dann gelingt Ihnen etwas Großartiges: Dann haben Sie Ihren Traumjob nicht nur gefunden, sondern vielmehr *er*funden!

Überdenken Sie Ihre Lieblingsgegenstände jetzt noch einmal und schreiben Sie Ihre allerliebsten auf – dann haben Sie Ihr Talent einigermaßen umzingelt und sind auf der Suche nach Ihrem Traumjob einen großen Schritt weitergekommen.

Kompetenzen

1. _____

2. _____

3. _____

4. _____

5. _____

4. Eigenschaften: Wie sind Sie?

Eigenschaften

Welche Eigenschaften zeichnen mich besonders aus?

Was ist mein persönlicher Stil?

Welche Eigenschaften zeichnen Sie aus? Welches ist Ihr ganz persönlicher Stil? Den einen fällt die Antwort total leicht, andere haben keine Ahnung, wie sie eigentlich sind, und absolvieren regelmäßig Typentests in Zeitschriften oder im Internet, um sich auf die Schliche zu kommen. Manche Menschen interessieren sich gar nicht dafür, sondern stehen auf dem Standpunkt »Ich bin, wie ich bin« – egal, ob das jemand in Worte fassen kann oder nicht.

Ich traue den meisten Typentests nicht so recht, bin aber überzeugt davon, dass Fantasiereisen gute Wegweiser sein können. Deshalb startet hier die nächste Frage.

Ermittlung: Ihr idealer Arbeitstag

Stellen Sie sich vor, Sie arbeiten schon seit einiger Zeit in Ihrem Traumjob. Sie haben wunderbare Aufgaben, tolle Kollegen, Sie werden von Ihren Kunden hoch geschätzt und haben schon einige Erfolge gehabt.

- Ihr Wecker klingelt. Wie fühlen Sie sich? Wie groß ist Ihre Lust, jetzt aufzustehen?

  _____

  _____

- Wie verbringen Sie Ihren Morgen? Frühstücken Sie? Lesen Sie Zeitung?

  _____

  _____

- Was ziehen Sie an?

  _____

  _____

- Was nehmen Sie mit zur Arbeit?

  _____

  _____

- Auf welchem Weg und mit welchem Verkehrsmittel kommen Sie zur Arbeit?

  _____

  _____

- E-Mail oder Thai-Chi: Womit beginnen Sie Ihren Arbeitstag?

  _____

  _____

- Wie organisieren Sie Ihre Arbeit? Bilden Sie Arbeitsblöcke oder arbeiten Sie mal dieses und mal jenes ab?

  _____

  _____

- Arbeiten Sie schnell oder eher gemütlich?

  _____

  _____

- Arbeiten Sie mit anderen Menschen zusammen oder tüfteln Sie etwas alleine aus?

  _____

  _____

- Treiben Sie eher Prozesse voran oder knobeln Sie komplizierte Details aus?

  _____

  _____

- Was macht Ihnen an diesem Tag besonders viel Spaß?

  _____

  _____

- Was schätzen Ihre Kollegen an Ihrem Arbeitsstil besonders?

  _____

  _____

- Mit welchem Gefühl machen Sie Feierabend?

  _____

  _____

Jetzt dürfen Sie wieder auf den Boden der Realität aufsetzen. Konnten Sie etwas über Ihre Eigenschaften und Ihren Stil herausfinden? Wenn Sie mit Ihren Befunden noch nicht so recht zufrieden sind, könnte Ihnen möglicherweise noch folgende Übung helfen.

Beweissammlung: Eigenschaften

- Welche Aufgabe – im Beruf, während des Studiums oder der Ausbildung – ist Ihnen richtig gut gelungen?

_____

_____

- Worauf sind Sie dabei besonders stolz?

_____

_____

- Haben Sie eine Idee, wie Ihr Arbeitsstil mit diesem positiven Erlebnis zusammenhängen könnte?

_____

_____

Ganz schön schwierig, nicht wahr? Typentests liefern oft griffigere Ergebnisse. Wenn man 25 Fragen beantwortet hat, ist man ein roter, blauer oder gelber Typ, ein RIASEC oder was auch immer. Das klingt verführerisch, kann aber auch aufs Glatteis führen.

Typentests

Vorsichtshalber schauen wir uns jetzt noch einmal genauer an, was der Markt an Typentests hervorgebracht hat. Erster Eindruck: Es gibt unzählige Tests, mit denen ein riesiges Geschäft gemacht wird, und zwar über Unternehmensberatungen, Einzelcoachings und Lizenzen.

Was sind eigentlich Typentests? Sehr viele dieser Tests basieren auf der Selbsteinschätzung der Teilnehmer. Die Antworten sind entsprechend wenig objektiv – und mehr noch: Es ist für die Probanden sehr einfach, die Testergebnisse in eine von ihnen selbst gewünschte Richtung zu manipulieren (»Ich bin ganz bestimmt ein Cheftyp, also antworte ich auch so.«).

Je nach Antwortprofil sortieren Typentests die Probanden im nächsten Schritt dann in ein willkürliches Modell ein, das tendenziell sehr starke Kontraste setzt: Macher oder Mitmacher. Tiger oder Maus.

Viele Tests prüfen nicht mehr als zwei oder vier Merkmale und kommen zu entsprechend holzschnittartigen Ergebnissen, die in ihrer Klarheit zwar bestechend, aber auch schlichtweg falsch sein können. Denn erfolgreiche Menschen können auch sehr untypisch sein (wie zum Beispiel der kleine und langsame Mittelstürmer Gerd Müller). Hier ein paar Vertreter der gängigen Typentests.

Myers-Briggs-Typenindikator (MBTI). Dieser Test wurde um 1940 entwickelt. Zugrunde liegen ihm vier Skalen mit jeweils zwei Extremwerten: Extraversion und Introversion (E und I); sinnliche und intuitive Wahrnehmung (S und N); analytische und gefühlsmäßige Beurteilung (T und F); Beurteilung und Wahrnehmung (J und P). Mit 90 Testfragen wird die Zuschreibung zu einem von 16 verschiedenen Typen ermittelt. Ein ENTJ-Typ zum Beispiel zeichnet sich aus durch außenorientierte, analytische Beurteilung mit intuitiver Wahrnehmung.

DISG-Persönlichkeitsprofil. Dieser Test wurde in den 1960er Jahren in den USA entwickelt. Abgefragt werden zwei Dimensionen: die Wahrnehmung des Umfelds als freundlich oder feindlich und der eigenen Person als stärker oder schwächer als dieses Umfeld. Aus den Antworten werden vier Verhaltenstendenzen (Dominanz, Initiative, Stetigkeit und Gewissenhaftigkeit – daher auch der Name DISG) und 20 Typen abgeleitet. (In Deutschland wird der Test über die Persolog GmbH vertrieben, die laut einem Gerichtsurteil vom Januar 2010 den Markennamen DISG nicht mehr verwenden darf und nun die Bezeichnung *persolog® Persönlichkeitsprofil* nutzt.)

Insights Leadership-Check. Grundlage für diesen Test ist eine Kombination der Theorien C. G. Jungs und W. M. Marstons. Der Kandidat gibt mithilfe einer vierstufigen Skala an, wie er mit seiner Umwelt umgeht. Aus den Aussagen, denen er zugestimmt hat, wird auf sein angepasstes Verhalten geschlossen, aus den abgelehnten Aussagen wird sein natürliches Verhalten (Basis-Stil) abgeleitet. Ergebnis ist die Zuordnung zu einem von acht Typen: vom Direktor über den Motivator, Inspirator, Berater, Unterstützer, Koordinator, Beobachter bis hin zum Reformer.

Schreibtischtypen. Dieser vergleichsweise lustige Test stammt von Cary Cooper, Professor für Organisationspsychologie an der Universität Lancaster. Er wertete die Fotos von Schreibtischen aus ganz Europa aus und leitete daraus fünf Typen ab: den Ordnungsfanatiker, den konsequenten Familienmenschen, den designverliebten Leader, den Büroanimateur und das chaosbeherrschende Genie.

Viele Berufseignungstest kann man auch im Internet absolvieren. Solche Tests können dabei helfen, den eigenen Fähigkeiten, Interessen, Wertvorstellungen und dem eigenen Stil auf die Spur zu kommen. Doch Vorsicht: Welcher Beruf auch immer vorgeschlagen wird – das Ergebnis ist nicht der Wahrheit letzter Schluss. Es ist lediglich das Resultat einer Rechenoperation, das Ihnen eine Anregung zum Nachdenken und Nachspüren geben kann.

Die Stiftung Warentest hat 2008 in der Sonderausgabe *Spezial Karriere* die Qualität von Online-Eignungstests unter die Lupe genommen. Hier das Ergebnis:

Platz 1. »Welcher Job passt zu mir?« (Note 1,9, abrufbar unter *www.unicum.de*). Der Berufseignungstest ist kostenlos und auf Hochschulabsolventen zugeschnitten. In 100 Minuten ermittelt der Test die Fähigkeiten der Nutzer und schlägt dann verschiedene Berufsbilder vor.

Platz 2. »Allianz Perspektiven-Test für Schüler und Studenten« (Note 2,0, abrufbar unter *www.allianz.de/start*). Auch dieser Berufseignungstest ist kostenlos, dauert mit 60 Minuten aber nicht so lang wie der Unicum-Test. Ermittelt werden die Fähigkeiten und Eigenschaften der Nutzer, aufgezeigt werden berufliche Perspektiven.

Platz 3. »Profiling Portal« (Note 2,2, abrufbar unter *www.profilingportal.de*) von Stefan Pitz. Dieser Test ist ebenfalls kostenlos und mit einer Bearbeitungsdauer von 190 Minuten der längste. Der Test ermittelt die Stärken, Schwächen und Schlüsselqualifikationen der Nutzer und liefert einen ausführlichen Ergebnisbericht.

Gut. Ebenfalls als »gut« bewertet, aber nicht kostenlos sind die Tests »Der Neue Chancen-Test zur beruflichen Orientierung« für Erwachsene vom Geva-Institut (*www.geva-institut.de*, 38 Euro) und »Self-Assessment« von Alpha-Test (*www.alpha-test.de*, 49 Euro).

Befriedigend. Die Tests »Potenzial-Analyse« (*www.hvbprofil.de*, kostenlos), »F-DUP Diagnose Unternehmerischer Potentiale« (*http://testcenter.innovate.de*, ab 20 Euro) haben befriedigend abgeschnitten.

Ausreichend. Diese Note bekamen die Tests »ebs-Gründertest« (*www.ebs-gruendertest.de*, kostenlos) und »Insights MDI – Persönliche Interessen, Einstellungen und Werte« (*www.insights.de*, kostenpflichtig, Zugang nur nach vorheriger Anmeldung).

Absolvieren Sie ruhig einmal einen Online-Test. Es kann durchaus sein, dass Sie dabei einen ganz hohen Adrenalinspiegel bekommen, weil es hier ganz allein um Sie geht: um das, was Sie können, was Sie wollen, wer Sie sind. Das ist aufregend! Wenn Sie Spaß an der Sache bekommen, dann machen Sie doch ein Hobby draus und klicken sich immer mal wieder durch einen kostenlosen Test. Zum Beispiel:

- www.borakel.de
- www.think-ing.de/think-ing/die-qualifikationen/eignungstest
- www.was-studiere-ich.de
- www.rwth-aachen.de/go/id/yel
- www.pms.ifi.lmu.de/eignungstest
- www.tu-chemnitz.de/fsrif/selbsttest01
- www.haw-navigator.de
- www.selfassessment.uni-nordverbund.de
- www.fwd.at/berufskompass

Es gibt noch viel mehr Tests auf dieser Welt, und permanent kommen neue hinzu. Selbst eher esoterische Modelle wie das Enneagramm kommen zum Einsatz. Deshalb denken Sie bitte immer daran: Es sind nur mehr oder weniger intelligente Typentests, nehmen Sie diese Testergebnisse also nicht so ernst.

Ihr Eigenschaftenprofil

Deshalb finden Sie hier jetzt auch eine Tabelle, die auch nicht so ganz ernst gemeint ist – Ihnen aber trotzdem Anstöße geben kann. Insbesondere dann, wenn Sie einen konkreten Job in Aussicht haben und kritisch prüfen wollen, in welche Rolle Sie für diesen Job wohl schlüpfen müssen. Ein Paradiesvogel passt eben schlecht in ein mausgraues Archiv.

Eigenschaften	– –	–	0	+	+ +
Tiger					
Maus					
Adler					
Luchs					
Wachhund					
Esel					
Paradiesvogel					

Fassen Sie jetzt noch einmal für sich zusammen: Welche Eigenschaften zeichnen Sie besonders aus?

Eigenschaften

1. _____

2. _____

3. _____

4. _____

5. _____

5. Menschen: Mit wem und für wen möchten Sie arbeiten?

Menschen

Bei vielem, was wir tun, werden wir von anderen Menschen begleitet.

Mit wem würde ich besonders gerne zusammenarbeiten, und für wen würde ich am liebsten etwas tun?

Möchten Sie als Einsiedler arbeiten? Wahrscheinlich nicht. Dann gehören Sie zu den Menschen, die, ganz gleich, welchen Traumjob sie sich herbeiwünschen, immer mit anderen und für andere Menschen arbeiten. Einerseits ist das prima: Mit inspirierenden, humorvollen, empathischen Menschen macht die Arbeit mehr Spaß und trägt vielleicht sogar zur persönlichen Entwicklung bei. Andererseits kann das auch der reine Horror sein: Haben Sie schon einmal Kollegen oder Vorgesetzte gehabt, die intrigant, cholerisch, zwanghaft, narzisstisch, süchtig, unehrlich oder wie auch immer schwierig waren? Es sind die Menschen, mit denen Sie im Beruf zusammen sind, die Ihren Job erst zu einem Traumjob machen. Und zwar umso mehr, je besser sie alle zusammenpassen.

Wer passt zu Ihnen? Wen mögen Sie? Um das herauszufinden, lade ich Sie zur nächsten Fantasietour ein. Dieses Mal zu einer Party.

(Ich greife hier auf die Theorie von John Holland, die wir bereits auf Seite 87 kennen gelernt haben, und eine Idee aus Richard Nelson Bolles' Buch *Durchstarten zum Traumjob* zurück.)

⊚ Ermittlung: Party in sechs Ecken

Stellen Sie sich vor, Sie wären zu einer Feier eingeladen. Suchen Sie sich für Ihre Traumreise eine Art von Party aus, die Ihnen vertraut ist und auf der möglichst viele unterschiedliche Menschen zusammenkommen. Wenn Sie Partys überhaupt nicht mögen, dann stellen Sie sich eine Kaffeepause während einer Konferenz vor oder den Kunsthof in der Oranienburger Straße an einem Sonntagnachmittag, wenn viele Berliner und noch mehr Touristen auf den Bänken vor dem Talentcafé die Sonne genießen. Sie bemerken, dass die Anwesenden sich in sechs Gruppen aufgeteilt haben.

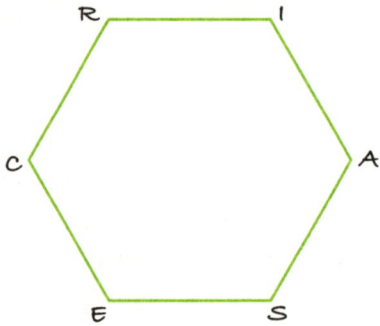

R: Die Macher. Hier stehen Menschen zusammen, die gerne mit ihren Händen arbeiten, sich für Werkzeuge interessieren und gerne in der Natur sind. Mit dabei sind ein Koch, eine Gärtnerin, ein Elektriker, eine Polizistin, ein Physiotherapeut und ein Biologe. Sie unterhalten sich lebhaft über Fußball.

I: Die Denker. In dieser Gruppe haben sich eher intellektuelle Menschen versammelt: ein Banker, ein Rechtsanwalt, eine Mathematikerin, ein Psychologe, eine Statistikerin und ein Historiker. Sie verhandeln die Bedeutung des *Spatial Turn* in der Wissenschaft.

A: Die Schöpfer. In der nächsten Ecke wird über eine aktuelle Theaterproduktion diskutiert. Mit dabei sind eine Pianistin, ein Tänzer, zwei Schriftsteller, eine Designerin und eine Kunsttherapeutin.

S: Die Helfer. Das Gesprächsthema dieser Gruppe sind die Schwächen der aktuellen Bildungspolitik. Es diskutieren zwei Lehrer, eine Sozialarbeiterin, eine Kindertherapeutin, ein Pfarrer und ein Berufsberater.

E: Die Manager. In dieser Gruppe tobt eine heftige Diskussion über die Gerechtigkeit des Steuersystems. Beteiligt sind der Geschäftsführer eines Maschinenbauunternehmens, zwei Steuerberater, eine Investment-Bankerin, ein Marketing-Experte und eine Immobilienmaklerin.

C: Die Organisatoren. Die sechste Gruppe schließlich spricht über die Vor- und Nachteile eines Eigenheims. Zu diesem Gespräch tragen ein IT-Sicherheitsexperte, zwei Sekretärinnen, ein Korrekturleser, ein Buchhalter und eine Bibliothekarin bei.

Angenommen, Sie wären überhaupt nicht schüchtern und liebten Party-Small-Talk. Zu welcher Gruppe würden Sie sich zuerst gesellen? Kreuzen Sie an:

- ○ R
- ○ I
- ○ A
- ○ S
- ○ E
- ○ C

Stellen Sie sich jetzt vor, diese komplette Gruppe würde die Party verlassen oder Sie würden selbst Lust bekommen, sich einer anderen Party-Fraktion zuzuwenden. Wen würden Sie als Nächstes ansteuern?

Spielen Sie diesen Gruppenwechsel ein drittes Mal durch. Welche Reihenfolge ergibt sich für Sie?

1. _____

2. _____

3. _____

So. Jetzt haben Sie möglicherweise schon Ihren Holland-Code. (Sie können natürlich auch einen kostenpflichtigen Test im Internet absolvieren, zum Beispiel unter *www.explorix.de* für derzeit 11,20 Euro bei Testanbieter Hogrefe.) Dieser Code kann Ihnen einen wertvollen Hinweis auf Ihren Traumjob geben.

Auf Seite 117 finden Sie außerdem eine Tabelle, in die Sie eintragen können, mit welchen Menschentypen Sie in Ihrem neuen Job am liebsten zusammenarbeiten möchten.

Beweissammlung: Menschen

Im nächsten Schritt sichern wir Ihre Ergebnisse noch einmal ab. Beantworten Sie bitte kurz folgende Fragen und achten Sie dabei jeweils darauf, wie Sie sich bei Ihren Erinnerungen und Vorstellungen fühlen (Ihre somatischen Marker werden wieder wichtige Hinweise funken).

Vergangenheit: frühere Lieblingskontakte

Mit wem und für wen haben Sie gerne gearbeitet?

_____

_____

_____

Welche Professoren oder Lehrer waren Ihnen sympathisch? Warum?

_____

_____

_____

Welche Holland-Codes vermuten Sie bei diesen Menschen?

_____

_____

_____

Was war das Besondere an dieser Zusammenarbeit?

_____

_____

_____

Was hat sich gut angefühlt?

_____

_____

_____

Gegenwart: jetzige Kontakte

Mit wem und für wen arbeiten Sie jetzt?

_____

_____

_____

Welche Holland-Codes vermuten Sie bei diesen Menschen?

_____

_____

_____

Was klappt gut und was nicht?

_____

_____

_____

Vision: neue Kontakte

● Wenn alles möglich wäre: Was in der Zusammenarbeit mit Kollegen, Mitarbeitern oder Vorgesetzten hätten Sie gerne anders?

_____

_____

_____

Gibt es bestimmte Menschen, mit denen Sie gerne einmal versuchsweise zusammenarbeiten möchten?

_____

_____

_____

Versuch: Knüpfen Sie neue Lieblingskontakte

Überlegen Sie, mit wem Sie am liebsten zusammenarbeiten würden: Wie und wo könnten Sie das tun?

_____

_____

_____

Bevor Sie zum nächsten Kapitel gehen, können Sie hier noch einmal zusammenfassen, was Sie in diesem Kapitel an Erkenntnissen gewonnen haben. Damit haben Sie Ihr persönliches Traumjobmuster schon zu zwei Dritteln aufgedeckt! Noch drei Fragen, und Sie sind am Ziel.

Ihr Kontaktprofil

Tragen Sie in der folgenden Tabelle ein, welche Typen in Ihrem Traumjob wie stark vertreten sein sollen:

Typen	– –	–	0	+	+ +
Macher					
Denker					
Schöpfer					
Helfer					
Manager					
Organisatoren					

Hier können Sie noch einmal kurz und übersichtlich eintragen, mit welchen Typen Sie sich am liebsten umgeben.

Menschen

1. _____

2. _____

3. _____

4. _____

5. _____

6. Motivation: Wofür möchten Sie bekannt sein?

Motivation

Wofür möchte ich bekannt sein?

Was sollen andere Menschen von mir erwarten dürfen?

Was treibt mich an, bestimmte Dinge zu tun?

Welches wird mein Lebenswerk gewesen sein?

Nun haben Sie schon eine ganze Menge geleistet: Sie haben Ihre Talente, Interessen und Kompetenzen identifiziert, wissen, welche Eigenschaften Sie auszeichnen und mit welchen Menschen Sie am liebsten zusammenarbeiten.

Da haben Sie sich einen kleinen Urlaub redlich verdient. Jetzt sofort, in Ihrer Fantasie, brauchen Sie nichts zu buchen und auf nichts zu warten. Legen Sie einfach los und machen Sie die nächste Übung.

Ermittlung: Heben Sie ab zum wichtigsten Termin Ihres Lebens

Ihr Ziel ist die Hauptstadt Ihres Lieblingslandes, und in dieser Stadt ein Ort, der Ihnen angemessen scheint für eine besondere Feierstunde.

Stellen Sie sich vor, Sie haben einen wichtigen Preis für Ihr Lebenswerk gewonnen. In welcher Kategorie wäre das?

_____

_____

_____

Was wäre dieses Lebenswerk, für das Sie geehrt würden?

_____

_____

_____

Stellen Sie sich nun vor, eine von Ihnen sehr geschätzte Person hielte eine große Lobrede auf Sie. Wer wäre das?

_____

_____

_____

Welche Ihrer Eigenschaften und Verdienste würde diese Person in ihrer Laudatio besonders hervorheben?

_____

_____

_____

Wie würde Ihr Laudator die herausragenden Eigenschaften Ihrer Persönlichkeit zu begründen versuchen? Oder einfacher gesagt: Was glaubt er, was Sie zu Ihrem Lebenswerk bewegt hat?

_____

_____

Motivation – was ist das eigentlich?

»Ich bin überhaupt nicht motiviert«, sagen Sie sich das regelmäßig? Oder: »Meine Chefin motiviert mich überhaupt nicht. Kein Wunder, dass ich im Job so wenig auf die Reihe kriege.« Ist Motivation so etwas wie ein Talent, das man eben hat oder – Pech! – nicht hat? Oder hat man es grundsätzlich nicht, sondern muss es erst von außen – zum Beispiel vom Chef – aufgedrückt bekommen?

Nein, zum Glück sind beides Fehlannahmen. In der Motivationspsychologie geht es um die Fragen, warum jemand etwas tut, mit welchem Ziel und wie intensiv er es tut. Dabei kümmert sich eine Gruppe von Forschern darum, welche Art von Motiven es geben könnte (hier taucht etwa die sehr bekannte Bedürfnispyramide von Abraham H. Maslow auf), die andere Gruppe geht eher der Frage nach, wie Motivation entsteht.

In die Tiefen der Motivationspsychologie will ich jetzt nicht einsteigen. (Wenn Sie sich für das Thema Motivation näher interessieren, sei Ihnen das Buch *Grundriss der Psychologie: Motivation* von Falko Rheinberg empfohlen.) Wesentlich ist allerdings ein Hinweis: Jeder Mensch ist von Natur aus motiviert, und zwar jeder auf seine ganz individuelle Art und Weise. Es ist also gar keine Frage, *ob* Sie motiviert sind, sondern lediglich, *wie* Sie es sind. Oder anders gesagt: wie das Muster Ihrer persönlichen Motivation aussieht. Manchen Menschen ist dieses Motivationsmuster sehr bewusst, sodass sie ihre Energiequellen gezielt nutzen können. Andere wissen nur halbwegs genau, warum sie jeden Tag aufstehen, und wirken deshalb möglicherweise antriebsärmer als ihre pro-aktiven Kollegen.

Bevor wir jetzt noch tiefer in die Theorie einsteigen, wollen wir Ihre Motivation mithilfe der somatischen Marker untermauern.

Beweissammlung: Motivation

Vergangenheit: frühere Motivation

- Was hat Sie in Ihrer Kindheit und Jugend angetrieben?
- Versuchen Sie, sich zu erinnern: Warum genau haben Sie sich in bestimmte Tätigkeiten hineingestürzt?
- Welche frühe Heldentat ist Ihnen besonders in Erinnerung?
- Warum wollten Sie erreichen, für was Sie gekämpft haben?
- Oder hatten Sie ein bestimmtes Schlüsselerlebnis? (Vielleicht waren Sie im Alter von fünf Jahren zum ersten Mal in einem Technik-Museum, durften einen Kontrabass streichen oder das Labor Ihres Vaters besuchen?)

_____

_____

_____

Vision: neue Motivation

- Schauen Sie nach vorn: Wenn Sie ein Projekt anschieben dürften, mit dem Sie (aus welchen magischen Gründen auch immer) nicht scheitern könnten – was würden Sie tun?
- Und warum?

_____

_____

_____

Versuch: Probieren Sie etwas aus

- Was möchten Sie besonders gerne mal wieder tun? Was fällt Ihnen spontan ein?
- Wenn Sie Zeit, Lust und vor allem Mut haben: Probieren Sie es aus! Wie fühlen Sie sich dabei?

_____

_____

 **Erste Schlüsse**

Welche drei Motivationen bewegen Sie nach dieser ersten Einschätzung am meisten?

1. _____

2. _____

3. _____

Vielleicht haben Sie in diesem Augenblick keine Lust, Ihre Motivationen schwarz auf weiß aufzuschreiben. Möglicherweise fühlen Sie sich gehemmt oder peinlich berührt. Das ist nicht weiter schlimm. Schließlich setzen Sie sich nicht jeden Tag mit den großen Fragen Ihres Lebens auseinander und damit, dass Sie vielleicht etwas Großes bewegen wollen – sich das aber noch nicht recht zutrauen.

Verschiedene Lebensmotive

Auf der Suche nach einem systematischen Zugang zum Thema Motivation stoße ich auf die Systematisierung des US-amerikanischen Testanalytikers und Motivationsforschers Steven Reiss, Professor für Psychologie und Psychiatrie an der Ohio State University. Er führte das menschliche Verhalten auf 16 verschiedene Lebensmotive zurück. Ich notiere die Motive gut gelaunt – einfach, weil sie so schön übersichtlich sind.

Das Streben nach bestimmten Zielen steht bei der Reiss'schen Systematik im Vordergrund, doch er berücksichtigt weder Schlüsselerlebnisse noch geht er darauf ein, dass die Motivation zu einer Handlung nicht nur in dem beabsichtigten Ziel, sondern auch darin liegen kann, dass die Handlung an sich Spaß macht oder sogar in den Zustand des Flow führen kann.

Die 16 Lebensmotive nach Steven Reiss

- **Macht:** Streben nach Erfolg, Leistung, Führung, Einfluss
- **Unabhängigkeit:** Streben nach Freiheit, Autarkie
- **Neugier:** Streben nach Wissen und Wahrheit
- **Anerkennung:** Streben nach sozialer Akzeptanz, Zugehörigkeit und positivem Selbstbild
- **Ordnung:** Streben nach Stabilität, Klarheit, guter Organisation
- **Sparen/Sammeln:** Streben nach dem Anhäufen materieller Güter, Eigentum
- **Ehre:** Streben nach Loyalität und charakterlicher Integrität
- **Idealismus:** Streben nach sozialer Gerechtigkeit, Fairness
- **Beziehungen:** Streben nach Freundschaft, Nähe, Humor
- **Familie:** Streben nach eigenen Kindern, Familie
- **Status:** Streben nach Prestige, Titel, Ruhm, Zugehörigkeit zur Elite
- **Rache/Wettkampf:** Streben nach Konkurrenz, Aggressivität, Vergeltung
- **Eros:** Streben nach erotischem Leben, Sexualität und Schönheit
- **Essen:** Streben nach genussvollem Essen
- **Körperliche Aktivität:** Streben nach Fitness, Bewegung
- **Emotionale Ruhe:** Streben nach Entspannung und emotionaler Sicherheit

Trotzdem ist dieses Schubladensystem eine gute Hilfe, um sich einen Überblick zu verschaffen, und kann Ihnen nicht nur auf einen Blick zeigen, warum Sie vielleicht nicht zu Ihrem jetzigen Job passen, sondern auch, warum Sie sich so oft mit Ihrem Partner oder Ihrer Freundin streiten – aber das ist ein anderes Thema.

Ihr Motivationsprofil

Wenn Sie mögen, können Sie sich an dieser Stelle wieder ein eigenes Profil zeichnen. Sie können die Tabelle auch kopieren und einige Ihrer Hilfsdetektive bitten, das Profil für Sie auszufüllen. Möglicherweise weicht Ihr Selbstbild von diesen Fremdbildern ab, sodass Sie neue Erkenntnisse über sich selbst erhalten.

Motivation	– –	–	0	+	+ +
Macht, Unabhängigkeit, Neugier, Idealismus					
Sammeln und Sparen, Ordnung, emotionale Ruhe					
Ehre, Status, Rache und Wettkampf, Anerkennung, körperliche Aktivität					
Beziehungen, Familie, Eros, Essen					

Blättern Sie jetzt bitte noch einmal durch diesen Abschnitt und entscheiden Sie sich für die Motive, die Sie in Ihrem Leben am stärksten antreiben.

Motivation

1. _____

2. _____

3. _____

4. _____

5. _____

7. Träume:
Welche Bilder beflügeln Sie?

Träume

Mit wem würde ich gerne für einen Tag tauschen?

Habe ich ein persönliches Vorbild?

Wovon träume ich immer wieder?

Haben Sie Lust, noch eine Reise zu unternehmen? Dann geht es jetzt los. Zur Vorbereitung legen Sie bitte jegliche Selbstzweifel, jede Bescheidenheit, Zurückhaltung und auch jeden Sinn für Realismus ab. Holen Sie tief Luft. Denn jetzt heißt es, in größeren Dimensionen zu denken!

Think Big!

Stellen Sie sich vor, Sie seien in eine optimale Umgebung hineingeboren worden. Ihre Eltern hätten Ihre Talente früh entdeckt und gefördert. Sie hätten ganz wunderbare Lehrer und Mentoren gehabt und stets Zugang zu den Informationen und Materialien, Instrumenten und Werkzeugen, die Sie gebraucht hätten. Ihre Freunde und Geschwister hätten Ihre Vorhaben immer unterstützt und Ihre Erfolge gern mit Ihnen gefeiert. Sie hätten genug eigene Kraft und genug Unterstützung von außen gehabt, um auch schwierige Herausforderungen bravourös zu meistern. Was wäre aus Ihnen geworden? Oder, falls Sie noch ganz am Anfang Ihrer beruflichen Laufbahn stehen: Was würde unter diesen Idealbedingungen aus Ihnen werden?

- Eine berühmte Musikerin?
- Ein Sternekoch?
- Eine erfolgreiche Unternehmerin?
- Ein superreicher Filmstar?
- Eine international anerkannte Wissenschaftlerin?
- Ein Astronaut?
- Ein gefragter Staranwalt?
- Ein mutiger Polarforscher?
- Ein erfolgreicher Spitzensportler?
- Eine gefeierte Regisseurin?

Vielleicht haben Sie gar nicht den Wunsch, besonders berühmt oder großartig zu sein. Vielleicht wären Sie einfach nur gerne etwas anderes geworden, als Sie tatsächlich geworden sind – oder würden eigentlich viel lieber einen anderen Beruf ausüben als den, auf den Sie gerade hinarbeiten. Zum Beispiel

- eine ganz normale Lehrerin,
- der nette Apotheker von nebenan oder
- eine Friseurin in einem schönen Salon.

Aber nicht einmal das hat geklappt? Das kann natürlich weh-tun – zu wissen, was man alles hätte werden können, wenn nur die Umstände es zugelassen hätten. Sie könnten sehr zornig werden oder sehr traurig. Das ist erst einmal unangenehm, und vielleicht ist es an diesem Punkt sinnvoll, dass Sie sich Unterstützung holen:

Heulen Sie sich bei Ihrer Freundin aus oder besprechen Sie alles mit einer professionellen Therapeutin (die auch immer Taschentücher da hat).

Im besten Falle gelingt es Ihnen, Ihren Frust in neue Energie umzuwandeln und diese dann zu nutzen, um *hier und heute* Ihren Traumjob zu finden. Was vorbei ist, ist vorbei. Es ist wichtig, das ordentlich zu betrauern, sich davon zu verabschieden und dann nach vorne zu schauen. Denn da geht es weiter.

◎ Ermittlung: Alles anders über Nacht

Stellen Sie sich das folgende Szenario vor: Es ist Nacht und Sie legen sich schlafen. Während Sie schlafen, geschieht ein Wunder: Sie wissen nicht nur plötzlich, welcher Ihr Traumjob ist, sondern Sie haben ihn auch fortan.

- Was wird Ihrer Meinung nach morgen früh das erste kleine Anzeichen sein, welches Sie darauf hinweist, dass sich etwas verändert hat?

  _____

  _____

  _____

- Was würden Sie an diesem Tag als Erstes tun?
- Welche Gedanken/Gefühle hätten Sie?
- Wann war es in letzter Zeit schon einmal so ein bisschen wie nach dem Wunder?
- Was können Sie jetzt tun, um ein Stück dieses Wunders schon heute passieren zu lassen?

  _____

  _____

  _____

- Jetzt können Sie einen Tag lang so tun, als hätten Sie Ihren Traumjob schon gefunden. Wie fühlt es sich an?
- Was ändert sich in Ihrem Denken und Handeln?

_____

_____

_____

Probehandeln in der Fantasie

Es ist ganz wichtig, dass Sie sich auch mit Ihrer Vergangenheit auseinandersetzen (»Warum habe ich meinen Traumjob eigentlich noch immer nicht gefunden?«). Aber der Blick zurück und die Fokussierung auf Probleme in Ihrem jetzigen Job allein bringen Sie nicht zu Ihrem Traumjob. Konzentrieren Sie sich nicht auf Ihre Probleme, sondern auf mögliche Lösungen.

Ihre Tagträume und Fantasien können Ihnen dabei helfen. Denn hier stecken Sie nicht in Ihren alltäglichen Beschränkungen fest, sondern können sich einfach einmal austoben. So erobern Sie sich Handlungsspielraum, können hilfreiche Alternativen entdecken – und das Wichtigste: Sie werden sich wieder bewusst, wie stark Sie eigentlich sind.

Wenn Sie positiven Träumen Raum geben, dann springen Sie – sozusagen durch Probehandeln in der Fantasie – in die Zukunft. Von da aus fällt es Ihnen dann viel leichter, sich Schritte zu überlegen, wie Sie tatsächlich in dieser Zukunft ankommen können.

Übrigens: Aus mir wäre vielleicht tatsächlich eine Herzchirurgin geworden, so wie ich es mir als Jugendliche gewünscht habe. Doch nach einigen Jahren hätte ich mich bestimmt zunehmend dafür interessiert, warum die Menschen Probleme mit dem Herzen bekommen. Vielleicht hätte ich das eine oder andere Mal vermutet, dass es an der Art zu arbeiten liegen könnte. Und dann wäre ich, um vorbeugend zu agieren, vielleicht Traumjobdetektivin geworden. Wer weiß?

⊚ Ihr Träumeprofil als Postkarte

Und was wäre vielleicht aus Ihnen geworden? Tragen Sie drei Ihrer Traumjobs, die Sie sich (wenn auch nur ganz heimlich) vorstellen können, in die offenen Spalten in der Tabelle unten ein. Spielen Sie die »Alles anders über Nacht«-Übung von Seite 128 durch und kreuzen Sie dann an, wie Sie sich dabei gefühlt haben. Super (++)? Ziemlich gut (+)? Irgendwie neutral (0)? Merkwürdig bis komisch (–)? Oder sogar total mies (– –)?

Träume	– –	–	0	+	+ +
1. Traumjob _____ _____					
2. Traumjob _____ _____					
3. Traumjob _____ _____					

Und jetzt schreiben Sie die Traumjobs, mit dem Sie sich am wohlsten gefühlt haben, mutig auf der rechten Seite auf. Ergänzen Sie Ihre persönlichen Vorbilder und Menschen, mit denen Sie gern einen Tag tauschen würden.

Träume

1. _____

2. _____

3. _____

4. _____

5. _____

8. Umgebung: Wo blühen Sie auf?

Umgebung

Wie muss die Umgebung beschaffen sein, in der ich aufblühe?

Was ist mir in Bezug auf Land, Klima, Kultur, Gesellschaft besonders wichtig?

Und jetzt fliegen Sie wieder los – diesmal an einen Ort, an dem Sie optimal arbeiten können (eine Traumreise zu Ihrem imaginären Urlaubsort können Sie ja später auch noch unternehmen).

In dieser Umgebung können Sie Ihre Stärken optimal entfalten. Ihre Schwächen werden ganz selbstverständlich aufgefangen durch ein exzellentes Team und eine ideale Arbeitsatmosphäre.

Ermittlung: Ihr idealer Arbeitsort

Nehmen Sie diesen Ort mit allen Ihren Sinnen wahr. Stellen Sie sich vor, Sie öffnen die Eingangstür und treten ein.

_____

_____

Was nehmen Sie zuerst wahr?

_____

_____

Wie wirkt der Raum auf Sie?

_____

_____

Welche Geräusche hören Sie?

_____

_____

Welche Gerüche nehmen Sie wahr?

_____

_____

Ist es eher warm oder kühl?

_____

_____

Welchen Menschen begegnen Sie?

_____

_____

Sind Sie in einem Konzern oder bei einem Mittelständler?

_____

_____

Ist das Unternehmen eher hierarchisch oder flach organisiert?

_____

_____

Ist es ein eher konservatives oder progressives Unternehmen?

_____

_____

Wie sieht Ihr persönlicher Arbeitsplatz aus?

_____

_____

Arbeiten Sie in einem großen Raum oder in einem kleinen Büro?

_____

_____

Arbeiten Sie mit vielen Menschen zusammen oder eher allein?

_____

_____

Ist es aufgeräumt oder herrscht kreatives Chaos?

_____

_____

Ist es hier eher hell oder gemütlich-dunkel?

_____

_____

Welche Gegenstände stehen auf Ihrem Tisch?

_____

_____

Welche Möbel stehen im Raum?

Was tun Sie hier in Ihren Pausen?

Wie und wo trinken Sie Ihren Kaffee oder Tee?

Wie sieht Ihr Fenster aus?

Was können Sie durch das Fenster sehen?

Befinden Sie sich in einer Stadt oder auf dem Land?

Sind Sie in Deutschland? In Österreich? In der Schweiz? Oder woanders?

So. Jetzt seufzen Sie einmal laut und landen wieder im Hier und Heute. Hatten Sie eine angenehme Reise? Bevor Ihr Verstand wieder an die Arbeit muss, können Sie nun noch ein wenig in der Vergangenheit und Versuchsplänen schwelgen.

Beweissammlung: Umgebung

Vergangenheit: frühere Umgebung

- Hatten Sie schon einmal die Chance, an einem tollen Ort zu arbeiten oder zu studieren?
- Wodurch zeichnete sich dieser Ort aus? Was gefiel Ihnen ganz besonders gut?

_____

_____

- Umgekehrt: Wenn Sie an den Arbeitsplatz oder Studienort denken, der Ihnen bisher am allerwenigsten zugesagt hat – was war hier so schrecklich?

_____

_____

Vision: neue Umgebung

Hätten Sie Lust, einmal eine Glasbläserwerkstatt anzuschauen? Oder möchten Sie einem Komponisten über die Schulter blicken? Sehen, wie ein Programmierer arbeitet? Oder eine Lehrerin? Dann tun Sie das! Dazu haben Sie mehrere Möglichkeiten. Sie können sich zum Beispiel Filme von diesen Orten anschauen (zum Beispiel auf dem Filmportal der Bundesagentur für Arbeit unter _www.berufe.tv_ oder, warum nicht, auf der Internetseite der Sendung mit der Maus, zu finden unter _www.wdrmaus.de_ im Menüpunkt »Sachgeschichten«).

Welchen Arbeitsplatz würden Sie gerne einmal sehen?

_____

_____

Versuch: Besuchen Sie Ihren Traumarbeitsplatz

Besser ist es natürlich live. Sie kennen sicherlich jemanden, dessen Arbeitsplatz Sie gerne einmal besichtigen möchten, oder zumindest jemanden, der jemanden kennt, der an einem spannenden Ort tätig ist. Es ist überhaupt nichts dabei, einmal auf einen Kaffee vorbeizukommen. Betrachten Sie die Sache einfach als ein Meeting. Es gibt so viele Meetings mit einer unwichtigeren Agenda als einer Traumjobsuche. Nur Mut!

- Was schauen Sie sich an?
- Wie fühlen Sie sich dabei?

Was Räume verraten

Ich bin erstaunt, wie viele Menschen passionierte Mustersucher sind, und wie viele Fragestellungen in dieser Welt von Fachleuten bereits wunderbar systematisch sortiert und eingekastelt wurden. So auch die Frage nach dem Zusammenhang von Raum und Arbeit, dem Dieter Pfister, Geschäftsführer eines Beratungs- und Forschungsunternehmens, in seinem Artikel »Wie Change- und Raumgestaltungsmanagement verbunden werden können« nachgegangen ist. Er stellt die These auf, dass sich in der Architektur eines Unternehmens der Geist zeige, der hier herrsche, oder moderner gesagt: die Corporate Identity.

Wenn Sie schon viele verschiedene Unternehmen von innen gesehen haben, können Sie das leicht nachvollziehen: Es gibt Unternehmen, die schon beim ersten Betreten sehr einladend, freundlich, natürlich und entspannt wirken. Andere stehen da wie eine Festung und geben sich abweisend und kalt.

Innen geht es ähnlich weiter: Sie kennen sicherlich Unternehmen, deren Innenarchitektur durch viel Glas und helle Materialien sehr luftig und offen wirkt und wo die Mitarbeiter auf Zuruf zusammenarbeiten können. Und andere, die hauptsächlich aus dunkelblau ausgelegten Fluren bestehen, von denen Abertausende kleine Einzelbüros abgehen, deren Türen zumeist fest verschlossen sind. Die Kommunikation in solchen Häusern wird durch ein Heer von Boten unterstützt, die mit gebeugtem Rücken Postwagen mit grauen Umlaufmappen durch die Gänge schieben. (Zugegeben: Das ist ein bisschen überzeichnet. Aber ich habe schon einmal in einem Unternehmen gearbeitet, in dem es etwa so zuging.)

Wer einen Change-Management-Prozess in einem Unternehmen durchführen will, der muss die Arbeitsräume entsprechend ändern, so Pfisters Theorie. Wenn das stimmt, müsste ja auch das folgende Prinzip gelten: Wenn Sie in Ihrem Traumjob arbeiten wollen, dann muss das Muster dieses Raums so gestaltet sein, dass Sie mit Ihrem ganz persönlichen Muster aus Talenten, Interessen, Vorlieben und Werthaltungen da hineinpassen. Sonst beißt sich was – und das kann nicht gutgehen.

◎ Ihr Umgebungsprofil

Pfister unterscheidet folgende Faktoren, die Arbeitsräume prägen. Zeichnen Sie Ihre persönlichen Vorlieben hier ein.

Wie	– –	–	0	+	+ +	Wie
klassisch-beständig						modisch
öffentlich						gemütlich
warm						kühl, kalt
ruhig, still						lebendig
dunkel						hell
hochwertig						einfach, günstig

So einleuchtend dieses Konzept auch sein mag – es bleibt ein wenig unübersichtlich. Deswegen möchte ich Sie an dieser Stelle zu einer kleinen Bastelarbeit ermutigen. Schnappen Sie sich Ihren liebsten Möbelkatalog oder eine Zeitschrift für Wohnen oder Architektur, reißen Sie ein Bild des Ihrer Meinung nach schönsten Arbeitsraumes heraus und kleben Sie es hier ein – oder zeichnen Sie eine kleine Skizze.

Jetzt sehen Sie wahrscheinlich schon viel klarer. Doch sind noch zwei Überlegungen an dieser Stelle notwendig: Zum einen ist es durchaus möglich, dass der Schein trügt. Auch in einem wunderbar trendigen Designatelier kann Mobbing an der Tagesordnung sein, und wenn das Tageslicht auch noch so malerisch über die obligatorischen Original-*Egon-Eiermann*-Arbeitstische flutet. Umgekehrt mag es Büros geben, aus denen jede Feng-Shui-Beraterin umgehend rückwärts rausfallen würde – und trotzdem macht das Arbeiten dort Spaß.

Und zum anderen hilft auch der schönste Arbeitsort nichts, wenn Traumjobsuchende andere, wichtige Bestandteile ihres persönlichen Musters (noch) nicht aufgedeckt haben. Wie hatte Seneca das noch so schön ausgedrückt? »Den Sinn musst du wechseln, nicht den Himmelsstrich. Vergeblich ist dieses Umhertreiben. Du fliehst mit dir selbst.«

Das wusste also schon der römische Philosoph: Wohin wir auch gehen, wir nehmen uns immer mit. Daraus kombiniere ich: Je besser wir uns und unsere Muster kennen, desto eher gelingt es, uns selbst an genau den Ort zu genau dem Job mitzunehmen, der uns hoffentlich glücklich machen wird.

Blättern Sie noch einmal durch das Kapitel und fassen Sie für sich zusammen: Über welche Eigenschaften sollte Ihr Traumarbeitsplatz auf jeden Fall verfügen?

Umgebung

1. _____

2. _____

3. _____

4. _____

5. _____

9. Zeit und Geld: Wie lange wollen Sie arbeiten und wie viel möchten Sie verdienen?

Zeit und Geld

Wie hoch dürfen die Investitionen in meinen Traumjob sein?

Wie lange möchte ich in meinem Traumjob arbeiten?

Wie viel möchte ich verdienen?

Sie haben es fast geschafft. Noch eine kleine Traumreise, und Sie sind am Ziel angekommen. Hören Sie wieder auf Ihre somatischen Marker und entscheiden Sie sich dann, von welcher der folgenden Beschreibungen Sie sich am ehesten angesprochen fühlen.

Typ 1. Sie haben Ihren Traumjob in einer großen Institution gefunden, mit der Sie sich gut identifizieren können. Ihre Arbeitszeiten sind regelmäßig. Sie haben keine oder sehr wenige variablen Anteile in Ihrem Gehalt, sodass Sie Ihre Finanzen gut planen und immer auch Geld zurücklegen können. Ihr Job ist ziemlich sicher, weil es dem Unternehmen gut geht. Gleichzeitig ist die interne Konkurrenzsituation so entspannt, dass niemand an Ihrem Stuhl sägt.

Typ 2. Ihr Traumjob hat Sie in ein sehr dynamisches Unternehmen geführt. Sie haben eine verantwortungsvolle Position übernommen, die Ihnen einiges an Einsatz und viel Energie abverlangt, Ihnen aber auch ein so hohes Einkommen ermöglicht, dass Sie sich endlich eine repräsentative Wohnung und einen sportlichen Wagen leisten können. In Ihrer Position stehen Sie ständig unter Beschuss und müssen sich gegen Konkurrenten durchsetzen. Das belastet Sie aber nicht – im Gegenteil: Es macht Ihnen Spaß zu gewinnen.

Typ 3. Sie haben sich selbstständig gemacht und Ihren Traumjob auf diesem Wege gefunden. Endlich können Sie arbeiten, wie, wo und wann Sie möchten – und das tun Sie auch. An einem Tag gehen Sie schon früh ins Büro und arbeiten bis in die späte Nacht, an einem anderen Tag arbeiten Sie lediglich zwei Stunden lang in Ihrem Lieblingscafé, und an wieder einem anderen Tag bleiben Sie einfach im Bett liegen. Für diesen Luxus nehmen Sie schwankende Einkünfte gern in Kauf. Sie leben am Puls der Zeit, lernen ständig Neues dazu und betreiben ständig Akquise – und das gibt Ihnen den richtigen Kick.

⊚ Ermittlung: Welcher Typ sind Sie?

In welcher Rolle würden Sie sich am wohlsten fühlen? Kreuzen Sie an.

- ○ Typ 1
- ○ Typ 2
- ○ Typ 3

Vielleicht haben Sie die Typen wiedererkannt, die Michael Despeghel in seinem Buch *Lebe Deinen Life-Code* entwirft. Genau richtig. Auf diese Typologie habe ich hier Bezug genommen.

Typ 1 ist der Balance-Typ. Ein in der Geschichte der Menschheit früher Traumjob dieses Typs ist der Bauer.

Typ 2 ist der Dominanz-Typ, der in früheren Zeiten wohl am ehesten als Jäger im Einsatz war.

Typ 3 ist der Stimulanz-Typ, den sich Michael Despeghel auch als umherziehenden Nomaden vorstellt.

Können Sie sich wiederfinden? Wenn nicht, haben Sie die Möglichkeit, sich selbst als Mischtypen zu definieren. Despeghel arbeitet in seinem Buch sogar mit drei Skalen, mischt also jeweils Anteile aller drei Typen zu Ihrem persönlichen Persönlichkeitscocktail.

Letztendlich handelt es sich auch hier wieder nur um ein Modell, mit dessen Hilfe Sie sich selbst auf die Spur kommen können. Denn jetzt geht es um die Beantwortung der Fragen nach Zeit und Geld.

- Wie hoch sollen die Investitionen in Ihren Traumjob sein?
- Wie lange möchten Sie in Ihrem Traumjob arbeiten?
- Wie viel möchten Sie verdienen?
- Wie möchten Sie in Ihrem Job mit dem Faktor Zeit umgehen?

Vielleicht hilft Ihnen auch hier wieder der Dreischritt Vergangenheit – Vision – Versuch? Probieren Sie es aus!

Beweissammlung: Zeit und Geld

Vergangenheit: frühere Arbeitszeiten und Verdienste

- Wenn Sie an die Jobs zurückdenken, die Sie in Ihrem Leben bereits ausgeübt haben: Wie zufrieden waren (oder sind) Sie mit Ihren Arbeitszeiten?
- Und wie sieht es mit Ihrem Verdienst aus?

● Was hätten Sie sich anders gewünscht?

_____

_____

_____

_____

Vision: neue Arbeitszeiten und Verdienste

● Wenn Sie sich vorstellen, Sie hätten Ihren Traumjob bereits gefunden: Wie sähen Ihre täglichen Arbeitszeiten aus?

● Wie Ihre Kontostände?

_____

_____

_____

_____

● Wenn Sie mit einem Ihrer Freunde, Familienmitglieder oder Vorbilder tauschen könnten: Wen würden Sie auswählen?

● Wie viel Zeit investiert diese Person in ihre Arbeit, und was verdient sie etwa?

_____

_____

_____

_____

Kennen Sie sich mit Geld aus?

Sind Sie mit der Frage nach Zeit und Geld weitergekommen? Möglicherweise tappen Sie immer noch völlig im Dunkeln. Das geht offenbar den meisten Menschen in Deutschland so. Das zeigt zumindest eine Studie der Commerzbank aus dem Jahr 2003, die zwar schon ein paar Jahre alt ist, deren Ergebnisse aber noch immer aktuell sind. So zeigte sie beispielsweise, dass sich nur etwa 5 (!) Prozent der Befragten gut oder sehr gut mit Finanzfragen auskannten. 42 Prozent der über 1000 befragten Bundesbürger konnten nicht einmal die Hälfte der 35 Fragen zu den Themengebieten Orientierungswissen, Einkommen und Zahlungsverkehr, Kredite, Private Vorsorge sowie Geldanlage beantworten.

»Es gibt in Deutschland zu viele finanzielle Analphabeten«, kommentierte Volker Brettschneider von der Universität Oldenburg, der den Fragebogen wissenschaftlich betreut hat. Zwar wussten die meisten, durch welche Abzüge vom Gehalt der Nettolohn zustande kommt. Aber nur etwa jeder Zweite kannte den Unterschied zwischen EC- und Kreditkarte, und ebenfalls nur jeder Zweite kannte seine Rechte bei einem bereits rechtsgültig abgeschlossenen Kreditvertrag.

Vor dem Hintergrund dieser Studienergebnisse beauftragte die Commerzbank das Heidelberger Institut Sinus Sociovision mit der Studie *Die Psychologie des Geldes – Die acht Geldtypen und ihre Verteilung in Deutschland*. Das Ergebnis war nahezu erschreckend, denn jeder zweite Deutsche zählt zu einem von drei problematischen Geldtypen. Wie war die genaue Verteilung? Ich nehme mein Notizbuch zur Hand und schreibe auf, woran ich mich noch erinnere.

Die acht Geldtypen

- die Überforderten (19 Prozent),
- die Leichtfertigen (16 Prozent),
- die Bescheidenen (10 Prozent).

Wenn es um Geld geht, reagieren diese Menschen mit Unkenntnis, Misstrauen und Abwehr. Nur jeder fünfte Deutsche hat Spaß im Umgang mit seinen privaten Finanzen und kennt sich auch gut aus. Ich ergänze meine Notizen:

- die Ambitionierten (7 Prozent),
- die Souveränen (11 Prozent).

Mehr als ein Drittel der Bevölkerung hat zwar eine positive Einstellung gegenüber dem Thema Geld, es fehlt einigen Menschen aber an Engagement und Selbstvertrauen, sodass sie leider viele Chancen ungenutzt lassen. Diese Personen wurden wiederum in drei Gruppen eingeteilt:

- die Pragmatiker (16 Prozent),
- die Vorsichtigen (11 Prozent),
- die Delegierer (10 Prozent).

»Kein Wunder, dass so viele Traumjobsuchende nicht genau wissen, was sie eigentlich verdienen wollen – oder vielmehr: verdienen müssen«, stelle ich fest.

Arbeitszeit: Jedem das seine

Auch zur Arbeitszeit haben viele ein ambivalentes Verhältnis: Einerseits wünschen sich viele Traumjobsuchende einen Beruf, der ihnen Freiraum für Freizeit lässt. Andererseits gilt ein hoher Arbeitseinsatz als Beweis für Erfolg und Leistungsfähigkeit. Und wer den Flow liebt und in seinem Job auch erlebt, der arbeitet möglicherweise sogar lieber im Büro, als mit seinen Freunden Bälle durch Turnhallen zu kicken.

Auch der Trend zur flexiblen Arbeitszeit und zum Home-Office ist ein zweischneidiges Schwert. Zum einen eröffnet er neue Freiheiten (und erspart die morgendliche Hektik vor dem Kleiderschrank und im Berufsverkehr), zum anderen hat er zu völlig neuen Überwachungsmustern geführt – von der alten Form der persönlichen Überwachung hin zur elektronischen, wie zum Beispiel Richard Sennett in seinem Buch *Der flexible Mensch* feststellt. Das heißt, man muss häufig per E-Mail oder Handy permanent erreichbar sein. Hinzu kommt, dass nur noch selten zwischen Privat- und Berufsleben getrennt wird, es keinen Feierabend mehr zu geben scheint – und es mitunter auch zur sozialen Vereinsamung kommen kann.

Ihr Zeit- und Geldprofil

Jetzt können Sie noch in folgender Tabelle ausfüllen, in welcher Relation Sie sich die Faktoren Zeit und Geld in Ihrem Traumjob vorstellen. Oder einfacher gesagt: Wie viel Zeit wollen Sie reinstecken, und wie viel Geld wollen Sie rausholen? (Im Unterschied zur *Think-Big!*-Übung ist an dieser Stelle Ihr Realismus gefragt):

Faktoren	– –	–	0	+	+ +
Zeit					
Geld					

Auch nun sollten Sie auf der Postkarte auf der folgenden Seite noch einmal rekapitulieren, zu welchen Ergebnissen Sie in diesem Kapitel gekommen sind. Welche Zeit- und Geldfaktoren sind Ihnen am wichtigsten?

Zeit und Geld

1. _____

2. _____

3. _____

4. _____

5. _____

Das Ziel: Ihr Traumjob

Jetzt haben Sie schon eine Menge geschafft. Blättern Sie in Ruhe noch mal die neun Detektivfragen durch, gönnen Sie sich einen Kaffee oder Tee und tragen Sie hier noch einmal Ihre wichtigsten Ergebnisse ein. Sehen Sie Ihren Traumjob?

Alle Ergebnisse auf einen Blick

Eigenschaften	Motivation	Träume
_____	_____	_____
_____	_____	_____
_____	_____	_____
_____	_____	_____
Kompetenzen	**Talente**	**Interessen**
_____	_____	_____
_____	_____	_____
_____	_____	_____
_____	_____	_____
Umgebung	**Menschen**	**Zeit und Geld**
_____	_____	_____
_____	_____	_____
_____	_____	_____
_____	_____	_____

Lösen Sie den Fall!

Vielleicht fällt Ihnen spontan ein, was Ihr Traumjob ist, wenn Sie Ihre Antworten anschauen. Haben Sie schon eine Idee? Oder mehrere? Dann notieren Sie diese Ideen hier.

◎ Erster Ansatz: Was fällt Ihnen spontan ein?

Juhu! Ich werde:

_____

_____

Oder:

_____

_____

Oder:

_____

_____

Vielleicht sind Ihnen auch zwei Traumjobs eingefallen – zum Beispiel Vertriebsassistentin und Musikerin? Dann machen Sie doch einfach beides. Vereinbaren Sie einen 80-Prozent-Arbeitsvertrag, arbeiten Sie vier Tage in der Woche für die Firma und proben Sie einen ganzen Wochentag und an den Wochenenden Ihre Songs. Das geht!

Vielleicht ist es auch möglich, beide Traumjobgedanken miteinander zu verknüpfen? Sie könnten zum Beispiel im Vertrieb bei einem Musiklabel arbeiten oder neben Ihrem BWL-Studium Praktika in verschiedenen Notenverlagen absolvieren.

Möglicherweise fällt Ihnen jetzt auch gar nichts ein. Das ist nicht weiter schlimm, denn wozu sind Sie schließlich Traumjobdetektiv!

Versuchen Sie es einfach mit der folgenden Übung, um Ihrem Traumjob weiter auf die Spur zu kommen. Diese Methode funktioniert wie eine Wortkette.

Zweiter Ansatz: Wortkette

Verbinden Sie alle Wörter aus Ihrer Übersicht »Alle Ergebnisse auf einen Blick« mit einem einzigen Satz. (Dieser Satz wird voraussichtlich sehr holprig sein, das macht aber nichts. Es geht nicht um eine Eins in Deutsch, sondern darum, dass Sie möglichst schlau kombinieren.)

Wenn Sie bisher noch nicht mit einem Hilfsdetektiv zusammengearbeitet haben, dann ist jetzt der Zeitpunkt gekommen, an dem Sie spätestens einen anheuern sollten. Wer verfügt über ein gutes Einfühlungsvermögen? Wer meint es gut mit Ihnen? Wer ist smart? Rufen Sie diese Person an, am besten jetzt sofort, und vereinbaren Sie einen Termin. Sie können auch zwei oder drei oder vier oder noch mehr Detektive an einem Tisch zusammentrommeln – zu einem gemeinsamen Brainstorming.

Dritter Ansatz: Hilfsdetektive fragen

Gehen Sie gemeinsam noch einmal alle neun Fragen durch. Konzentrieren Sie sich auf die Felder, die für Sie am wichtigsten sind. Es kann ja durchaus sein, dass Ihr persönliches Glücksgefühl ganz stark abhängig ist von den Menschen, mit denen Sie zusammenarbeiten, und kaum von dem Ort des Geschehens – oder eben umgekehrt.

Welche Felder sind Ihnen am wichtigsten?

1. _____

2. _____

3. _____

Denken Sie gemeinsam nach, analysieren Sie, rätseln Sie, entwerfen Sie gemeinsam Pläne. Wenn Sie bei Ihrer ersten Sitzung noch zu keinem Ergebnis kommen, dann treffen Sie sich eben noch einmal. Und noch einmal. Und noch einmal, bis Sie Ihren Fall endlich gelöst haben. (Wenn Sie gar nicht weiterkommen, können Sie gerne einen Ausflug nach Berlin unternehmen und ins Talentcafé kommen.)

Sind Sie zu neuen Erkenntnissen gelangt – oder haben Sie Ihren Traumjob sogar gefunden?

_____

_____

_____

Streng rationale Verfahren eignen sich nicht immer und führen auch nicht immer zu einem brauchbaren Ergebnis. Zum Glück gibt es noch andere Vorgehensweisen wie zum Beispiel die Meditation. Es gibt zahlreiche Wege und Wegweisungen für Meditationen (ganz zu schweigen von sündhaft teuren Ausstattungen), doch letztendlich zielen Meditationen immer auf das Gleiche: Durch die Konzentration auf nur einen Denkinhalt schalten Sie alle anderen Reize aus. Dies führt Sie (es braucht ein wenig Übung, aber Sie können es schaffen) in einen Zustand, in dem Sie gleichzeitig hellwach und völlig entspannt sind. In diesem Zustand können Sie sich selbst und Ihre Schwierigkeiten mit einem wohltuenden Abstand betrachten und auf dieser Grundlage ganz neue Ideen oder Lösungen entwickeln.

Vierter Ansatz: Meditieren

- Nehmen Sie eine bequeme Position ein.
- Schließen Sie Ihre Augen.
- Atmen Sie zehn Mal entspannt ein und aus.
- Denken Sie fünf Mal: »Ich bin ganz ruhig und entspannt.«
- Horchen Sie in sich hinein.
- Sagen Sie fünf Mal still zu sich:
  »Ich habe in mir eine Kraftquelle – mein Talent.
  Ich vertraue auf seine Kraft.
  Ich spüre die Kraft meines Talents.«
- Wenn Sie diese Übung tagsüber machen, wecken Sie sich selbst behutsam auf mit den Worten: »Jetzt recke ich mich und bin wieder ganz wach.«

(Diese Kurzmeditation lehnt sich an eine Übung von Heinz-Rolf und Inge Lückert an: Leben ohne Angst und Panik, München 2000, S. 254 f.)

Und? Ist Ihnen eine Idee gekommen? Vielleicht zeigt sich die Lösung gar nicht während der Meditation, sondern irgendwann morgens unter der Dusche – Ihr Unterbewusstsein arbeitet nämlich den ganzen Tag weiter. Geben Sie nicht auf! Meditieren Sie immer wieder – wenn Ihnen diese Form der Selbsterkundung liegt – und lassen Sie sich von Ihren inneren Erlebnissen überraschen.

Testläufe

Wenn Sie glauben, Ihren Traumjob konkret identifiziert zu haben, stellen Sie sich vor, Ihr Wunsch wäre bereits in Erfüllung gegangen und Sie würden plötzlich in Ihrem Traumjob arbeiten. Damit können Sie dann herausfinden, ob dieser Job wirklich zu Ihnen passt.

◎ Die Traumjob-Probe – So tun als ob

- Stellen Sie sich einen Tag in Ihrem Traumjob ganz detailliert vor: vom Aufwachen morgens bis zum Abend, wenn Sie das Licht ausknipsen.
- Fühlt sich das gut an? Prima.
- Oder finden Sie etwas nicht so gut? Dann überdenken Sie das mit Ihrem Traumjob noch einmal.
- Bekommen Sie Angst? Dann gehen Sie der Angst auf den Grund: Handelt es sich um eine völlig normale (wenn auch irrationale) Angst vor Neuem? Oder gibt es rationale Argumente, die gegen Ihren Traumjob sprechen und die sich in dieser Situation bei Ihnen gemeldet haben? Suchen Sie sich im Zweifelsfall einen Coach oder einen Therapeuten, um Ihren Ängsten auf die Spur zu kommen.

Vielleicht liegt Ihnen eine rationale Methode eher? Dann können Sie Ihrer Fantasie jetzt eine Pause gönnen, denn es gibt noch eine andere Methode, um zu ergründen, ob Sie wirklich den passenden Traumjob für sich gefunden haben: den sogenannten Traumjob-TÜV. Stellen Sie Ihren potenziellen Traumjob auf den Prüfstand und checken Sie ihn von oben bis unten durch.

◎ Der Traumjob-TÜV

- Blättern Sie sich durch das Buch beziehungsweise Ihre Notizen oder nutzen Sie die Antwortkarten der Traumjob-Box und suchen Sie die neun Profiltabellen zusammen (auf den Seiten 78, 90, 100, 110, 117, 124, 130, 138 und 147).
- Was denken Sie – welches Profil würde Ihr Traumjob verlangen? Nehmen Sie einen andersfarbigen Stift zur Hand und kreuzen Sie entsprechend an.
- Werden Abweichungen sichtbar? Sie können nun ganz genau sehen,

wie Ihr Traum zu Ihren Präferenzen passt und wo Sie Kompromisse schließen wollen – oder auch nicht.
- Haben Sie alle Checks durchlaufen? Bekommt der Job die begehrte »Traumjobplakette« oder ist er durchgefallen?
- Wenn er nicht bestanden hat: Haben Sie Alternativen, die als Traumjob infrage kommen? Dann wiederholen Sie den Check!
- Nun können Sie entspannt von Ihrem Prüfstand heruntersteigen und zur Belohnung jede Menge Kekse naschen!

Und? Haben Sie das Geheimnis Ihres Traumjobs gelüftet? Wie heißt Ihr Traumjob?

Ziel

_____

_____

Zeugenaussagen: Traumjobsuchende im Talentcafé

Haben Sie das Buch bisher nur durchgelesen, ohne die Aufgaben und Übungen wirklich zu bearbeiten? Dann denken Sie jetzt vielleicht: »Das geht doch alles gar nicht! Das funktioniert niemals! Zumindest bei mir nicht!« Ich versichere Ihnen: Die neun Fragen können Sie zu Ihrem Traumjob führen, oft reicht es sogar, wenn Sie sich auf die Knackpunkte konzentrieren, die bei Ihnen tatsächlich knacken. Alle anderen Fragen lassen Sie einfach weg.

Zusammen mit Nicole Müller, die das Talentcafé als Bildungs- und Berufsbegleiterin leitet, konnte ich die Detektivmethode schon mit vielen Traumjobsuchenden anwenden und ihnen zu erstaunlichen Erkenntnissen verhelfen – wie Sie im Folgenden erfahren werden.

Zehn Traumjobsuchende und ihre Geschichten

Sie haben sich eine Pause verdient – also lehnen Sie sich zurück, holen Sie sich noch einen frischen Kaffee oder Tee und knabbern Sie ein paar Kekse, während ich Ihnen jetzt die besten, schönsten und auch lustigsten Geschichten aus meiner Beratungspraxis in Berlin erzähle.

Wundern Sie sich nicht, wenn die Geschichten nicht systematisch um die neun Detektivfragen kreisen. Oft macht es bei den Traumjobsuchern eben schon nach der zweiten oder dritten Frage »klick«!

»Was geht überhaupt?«

Katrin geht noch zur Schule. Als sie zu mir ins Café kommt, hat sie nur eine vage Ahnung davon, was sie eigentlich will – und »was überhaupt geht«. Wir starten mit der Frage nach dem *Ort*. »Ich will ins Ausland«, ist sich Katrin ganz sicher. »Aber nicht ins Hotel, das kann ich nicht leiden. Und nicht Au-pair, das ist ja kein Beruf!« So viel weiß sie schon mal. Australien soll es sein, England, irgendwo, wo man Englisch spricht. Und schon sind wir beim Thema *Können*. Außer einer Begabung für Sprachen bringt Katrin handwerkliches Geschick mit, davon ist sie überzeugt.

Was *interessiert* sie? »Babys finde ich toll. Und ich schaue gerne Gruselfilme.« Ich schlucke. Immerhin ist das eine durchaus ungewöhnliche Kombination. Katrin erzählt davon, dass ihr viele Situationen, auf die ihre Freundinnen und Freunde sensibel reagieren, wenig ausmachen. »Ich weiß auch nicht, warum das so ist. Das war schon immer so. Ich scheine irgendwie hartgesotten zu sein«, grübelt sie nach. Und dann erzählt sie mir von ihrer Lieblingsserie »Six Feet Under«: Eine Familiengeschichte, die in einem Bestattungsinstitut spielt. In jeder Folge stirbt in den ersten Minuten jemand, meist auf ziemlich kuriose Weise. »Die zeigen alles: Unfallopfer, die für die Beerdigung einbalsamiert und hübsch hergerichtet werden, gleichzeitig aber auch Geburten, mit allen, was dazu gehört. Wehen, Schreien, die Angst, dass das Kind nicht atmet – und wie es doch überlebt.«

»Ausland, hartgesotten, Babys«, wiederhole ich und nehme einen Schluck Kaffee, um mir diese merkwürdige Kombination zu Gemüte zu führen. Katrin stellt ihre Tasse laut auf den Tisch: »Ich werde Hebamme und gehe mit dieser Ausbildung ins Ausland!«

Sie packt ihre Sachen zusammen und sieht sehr entschlossen aus. Bevor sie die Cafétür hinter sich zuzieht, zwinkert sie mir zu: »Jetzt weiß ich auch, wozu ich mein Abi mache.«

Chef sein

»Ich will auf jeden Fall Chef sein«, das weiß Peter ganz genau. Er ist 18 Jahre alt und im Moment hauptsächlich Gothic. »Bestatter will ich aber nicht werden«, schränkt er ein, bevor ich wegen seines Outfits auf falsche Gedanken komme.

Wir sprechen über das, was ihn im Moment am meisten *interessiert*. »Ich will wissen, wie man auf *den* Beruf kommt, auf das große Ganze für immer. Wie geht das?« Ich sehe ihn mit einer Mischung aus Neugier und Skepsis an. Will dieser junge Mann gar nicht seinen Traumjob, sondern meinen Werkzeugkasten? Und wenn ja: Warum?

Ich frage ihn, mit wem und für wen er gerne arbeiten würde. Er erzählt von seinen Freunden und davon, dass sie alle im Moment herumrätseln, was sie mit ihrem Leben anfangen wollen. »Ich bin scharf auf Ihre Methode«, sagt er unumwunden. »Dann kann ich meine Freunde bei ihrer Suche unterstützen.«

»Vielleicht können Sie genau das zu Ihrer Profession machen?«, gebe ich zu bedenken. »Sie erklären jungen Menschen die Welt der Wirtschaft und der Berufe.« »Als Berufsschullehrer?«, fragt er. »Warum nicht?«, sage ich. »Es gibt auch so etwas wie Entrepreneurship-Forschung, vielleicht wäre das auch etwas für Sie.«

Peter sieht mich ungläubig an. So hatte er sich sein Leben als Chef nicht vorgestellt – aber fasziniert ist er von dieser neuen Perspektive doch.

Bildschön

»Ich möchte etwas Großes bewegen«, sagt Gabriele selbstbewusst. »Das Einmaleins ist mir zu klein.« Sie ist Mitte 30, arbeitet als Grundschullehrerin und ist damit haarscharf an ihrem Traumjob vorbeigeschrammt. »Ich kann sehr gut erklären«, sagt sie. »Aber ich stehe vor der falschen Zielgruppe. Es macht mir viel mehr Spaß, mit Erwachsenen zu arbeiten.«

Gabriele schaut mich an. Ich habe selten einen Menschen gesehen, der, schlicht und ergreifend, so schön ist wie Gabriele. »Traumfrau sucht Traumjob«, schmunzele ich in mich hinein und wage es, dieses Thema anzusprechen. »Sie sehen sehr gut aus.« »Mmh, überall werde ich angestarrt. Ich bin die ganze Zeit damit beschäftigt, irgendwelche Bewunderer auf Abstand zu halten – ich habe ein ambivalentes Verhältnis zu meinem Aussehen.«

»Könnten Sie Ihr Aussehen vielleicht für Ihren Traumjob nutzen?«, frage ich. »Wer attraktiv ist, hat es doch viel leichter, Menschen in seinen Bann zu ziehen und für eine große Sache zu motivieren, oder? Raus aus der Schule, rauf auf's Plakat!« Ich denke daran, dass Sie als Botschafterin für einen guten Zweck auftreten könnte, als Charitylady für eine Stiftung zum Beispiel – warte aber erst einmal, was Gabriele selbst einfällt.

Sie ist angetan von dem Gedanken, sich von der Grundschule zu verabschieden und sich in der Öffentlichkeit zu zeigen. »Ich werde als Lehrerin kündigen«, beschließt Gabriele und sieht ganz erleichtert aus. »Dann werde ich mir erst einmal einen Übergangsjob suchen, und dann sehe ich weiter.« Ich konnte mit Gabriele jetzt also noch nicht ihren neuen Traumjob identifizieren, doch ich konnte sie unterstützen, sich neuen Herausforderungen zu stellen und ausgetretene Pfade zu verlassen. Auf diese Art befreit, fällt es vielen Menschen leichter, sich mit Haut und Haaren auf die Traumjobsuche einzulassen – man kann noch einmal ganz neu beginnen!

Alles grau

»Ich bin Maler und Lackierer geworden, weil ich ein buntes Leben haben wollte«, erklärt mir Hannes. Er ist Anfang 30 und ziemlich frustriert, weil sein Arbeitsalltag vor allem anstrengend und, ehrlich gesagt, ziemlich grau ist. Eigentlich wollte Hannes Erzieher werden, doch hat er sich diesen Berufswunsch von seinem Vater ausreden lassen, der in diesem Job selbst sehr unglücklich war. »Mein Vater wollte, dass ich es besser habe als er. Er hat mir meinen Traumjob madig gemacht.«

Wir gehen systematisch – und im ziemlichen Galopp – die neun Detektivfragen durch. Alles läuft völlig schlüssig auf den Beruf des Erziehers hinaus. »Das wusste ich schon vorher«, grinst Hannes. »Ich wollte es nur noch einmal von einem Profi hören.«

Neuer Entwurf

Anja hat eigentlich ihren Traumjob – Grafikerin –, aber in der Kreativmetropole Berlin und als alleinerziehende Mutter zweier kleiner Kinder sieht die Realität dieses Jobs nicht gerade traumhaft aus: Während die Kinder im Kindergarten und in der Schule sind, sitzt Anja am Computer, und wenn sie abends im Bett liegen, fährt sie ihren Rechner noch mal hoch, zwingt sich zu einer Abendschicht und fällt dann gegen Mitternacht ins Bett. Sie ist Ende 30, sieht im Moment aber ganz schön alt aus.

Kein Wunder: Freunde, Freizeit – das findet in Anjas Leben gar nicht mehr statt. Sie hetzt hauptsächlich zwischen Schreibtisch und Kindern hin und her. »Ich möchte mit erwachsenen Menschen in Kontakt stehen, die nicht zufällig Eltern von befreundeten Kindern sind«, wünscht sich Anja mehr als alles andere.

Welche Menschen wären das? »Kollegen aus der Branche«, ist Anja sicher. Sie mag die Leute aus der kreativen Szene. Haben Grafikerinnen und Grafiker ein Problem, das Anja lösen und worauf sie ihre Geschäftsidee aufbauen könnte? »Die sitzen alle schief!«, lacht Anja. Etliche haben sich vom stundenlangen Arbeiten am Computer einen Rückenschaden zugezogen, behelfen sich mit Sitzbällen oder Stehtischen, leiden aber dennoch unter ständigen Schmerzen im Kreuz und in den Schultern. Als sie von den schiefen Rücken der Kollegen berichtet, sieht Anja ganz bekümmert aus. »Wie kann ich ihnen denn helfen?«

Anja lässt sich verschiedene Szenarien durch den Kopf gehen. Krankengymnastin werden? Nein, eher nicht. Oder ein Geschäft für ergonomische Stühle eröffnen? Auf keinen Fall. Das wäre zu riskant, ein »Halbtagsladen« mit teuren Spezialprodukten würde sich gar nicht rechnen. Im Café hallt das Wort *ergonomisch* nach. »Gibt es nicht so etwas wie Ergotherapie?«, fällt Anja ein. »Das wäre doch fein!« Und das wäre ein ganz neuer Lebensentwurf, der tausend Fragen aufwirft:

Was genau ist Ergotherapie? Wie wird man Ergotherapeutin? Würde das Arbeitsamt eine Umschulung bezahlen? Wer kann bei der Kinderbetreuung helfen? Anja schreibt ein ganzes DIN-A4-Blatt voller Fragen auf und verabschiedet sich – sichtlich aufgewühlt.

Zwei Wochen später erscheint sie mit siegesgewisser Miene zu unserem nächsten Gespräch: Ja, Ergotherapie ist das Richtige für sie. Ja, das Arbeitsamt zahlt die Umschulung. Ja, ihre Freundinnen und ihre Familie unterstützen sie bei der Kinderbetreuung. Und sie kann schon in Kürze mit der Umschulung beginnen. Sie freut sich auf ihr neues Leben, auf regelmäßigere Arbeitszeiten – und vor allem auf den ganz neuen Kontakt zu ihren schrägen Kollegen.

Weniger Stress, bitte

»Ich bin total genervt von meinem ganzen Stress«, stöhnt Georg. Er ist Ende 30 und vor allem am Ende. Als IT-Supporter fühlt er sich oft wie ein Feuerwehrmann im Dauereinsatz. Irgendwas brennt immer, und nie ist er schnell genug, um alles zu retten.

Wir sprechen darüber, wo und wie und mit wem er arbeiten möchte. Und siehe da: Die Computer-Branche ist eigentlich genau richtig für ihn. Wie wäre es mit einem anderen Bereich in dieser Branche? Vielleicht mit Customer-Relationship-Management? Oder Data-Warehouse-Systemen?

Georg schweigt. Georg denkt nach. Dann stößt er einen tiefen Seufzer aus. »Wie soll ich das denn hinkriegen? Wenn ich jetzt noch etwas Neues lernen soll, ist das doch noch mehr Stress, als ich ohnehin schon habe. Da bleibe ich doch lieber in meinem alten Job.«

Wer weiß? Vielleicht besucht er mich noch einmal.

Regenglück

Elke ist Mitte 40 und eine professionelle Hausverwalterin. Wasserverbrauch, Heizung, Müllabfuhr-und Nebenkostenabrechnungen mit neuester Hausverwaltungssoftware – kein Problem für Elke. »Das kann ich alles«, sagt sie, »aber das erfüllt meine Seele nicht.« Sie hat einfach Lust, etwas Neues zu machen. Und weil Hausverwalter an alle Probleme sehr akribisch und systematisch herangehen, fühlt sie sich bei mir in meiner Rolle als Traumjobdetektivin ganz gut aufgehoben.

Wir starten bei der Frage nach ihren Interessen. Elke denkt nur kurz nach, dann sagt sie: »Mich begeistert schönes funktionelles Design!« Aber was ist schön und funktionell? Und wie kann man einen Job daraus stricken? Ich frage sie, mit wem und für wen sie am liebsten arbeiten möchte. »Mit großen und kleinen Menschen!«, sagt Elke und denkt dabei an die Zeit, als sie noch als Erzieherin gearbeitet hat ...

Schon lange trägt sie den Wunsch nach einem eigenen Laden in sich, doch der Wettbewerb im Einzelhandel ist hart, eigentlich gibt es schon alles, und stundenlang im Laden stehen – im Zweifel ohne Kundschaft – will Elke auch nicht. Ein Messebesuch inspiriert sie dann letztendlich zu einer außergewöhnlichen Idee: die farbenfrohen Regenjacken und das Thema »Regen« lassen sie nicht mehr los. Hier in entspannter Kaffeerunde sortieren wir dann ihre Gedanken. »Ich hab's!«, sagt sie und ihre Augen leuchten. »Ich mache einen Laden nur für Regenprodukte auf. Schönes, funktionelles Design, versteht sich!«

Und damit sind wir bei der nächsten Frage: Zeit und Geld. So ein Laden kostet eine Menge und bringt, zumindest am Anfang, erst einmal ziemlich wenig ein. Das ist Elke klar. Als Hausverwalterin kennt sie sich schließlich aus mit Kosten. »Dann fange ich erst mal klein mit einem Online-Shop an und übernehme mich nicht.« Was nun alles zu tun ist, um einen Online-Shop zu eröffnen, weiß Elke noch nicht, aber neue Aufgaben systematisch anzugehen hat sie als Hausverwalterin gelernt.

Wenige Monate nach ihrer Traumjobsuchstunde im Café ist Elkes Laden online: *www.regenglueck.de.* Hier schreibt sie:

»Nimm es Dir jetzt gleich, das Regenglück. Tritt aus dem Haus und rein. In bunter Regenjacke, mit breiter Krempe und knallroten Stiefeln. Mit Sturmschirm gegen 130 Stundenkilometer, Wetterhaus für Frau und Mann und frischen Sattelbezügen gegen nasse Hosenböden! Der Regen kann so schön sein!«

Elke verkauft hier übrigens nicht nur Regensachen, sondern fördert mit einem Teil ihres Erlöses auch Wasserprojekte des ChildFund Deutschland. Und in der Rubrik »Wissen« auf ihrer Webseite präsentiert sie neben Literaturtipps für große und kleine Menschen auch Spielanregungen und andere interessante Informationen zum Thema Wetter und Klima.

Zahlen mit Sinn

Klaus ist ein erfolgreicher Banker Ende 40. »Ich bin gut in meinem Job, aber letztendlich schiebe ich nur Zahlen hin und her«, sagt er. »Ich möchte das nicht bis zu meiner Rente machen. Ich will mehr Sinn!«

Wir überlegen zusammen, welche Perspektiven es für Klaus geben könnte. Er sucht ein Format für sein Lebenswerk, gleichzeitig möchte er seinen gut bezahlten Job in der Bank nicht aufgeben. »Ich könnte ja ehrenamtlich etwas bewegen«, sagt Klaus. Eine gute Idee. Aber in welchem Umfeld?

Damit sind wir bei seinen Interessen: Das Thema Umwelt steht ganz oben auf der Liste. »Wie wäre es mit Fundraising für

Umweltprojekte?«, schlage ich vor. Klaus ist begeistert. Dann könnte er seine Kompetenz im Umgang mit Finanzen gut einbringen – das wäre doch sein Traumjob!

Zu unserem nächsten Treffen kommt Klaus in geknickter Verfassung. Er hat das Gefühl, dass die Umweltorganisationen sein Engagement gar nicht gebrauchen können. Außerdem meint er, nicht die richtige Ausbildung mitzubringen. Wir schauen uns die Biografien von anderen Fundraisern an. Keiner von ihnen hat so etwas wie »Fundraising« studiert, alle kommen aus verwandten Berufen. Klaus lässt sich nicht überzeugen.

Seine Angst vor einer Bewerbung bei einer Non-Profit-Organisation ist im Moment noch größer als sein Wunsch, sein Lebenswerk zu verwirklichen. Vielleicht hat er aber auch noch nicht das richtige Bild für sein Lebenswerk gefunden. Klaus jedenfalls setzt sich immer wieder mit mir in Verbindung, um von seiner Detektivarbeit in eigener Sache zu berichten.

Planmäßig in die Politik

Claudia kommt mit einer konkreten Traumjob-Idee zu mir, was eher ungewöhnlich ist. Die 40-Jährige sucht nur nach dem richtigen Weg zu ihrem Ziel – einem großen Ziel: Sie will als Politikerin das Bildungssystem in Deutschland reformieren. Gleichzeitig möchte sie ihren sicheren Job als Produktmanagerin nicht aufgeben, bis das Ziel in greifbarer Nähe liegt.

Doch wie kommt man am besten in die Bildungspolitik? Wir gehen im Geiste den Weg rückwärts: Welche *Menschen* sind in der Bildungspolitik tätig? Oft solche, die zuvor in Institutionen gearbeitet haben, die rund um die Schulen angesiedelt sind. Und wer arbeitet in diesen Ämtern? Zumeist sind das Lehrer. Und wie wird man Lehrer? Man braucht einen bestimmten Uniabschluss und durchläuft ein Referendariat.

»Vielleicht sollte ich als Lehrerin arbeiten und von dort aus in die

Bildungspolitik wechseln?«, überlegt Claudia. Wir diskutieren über *Zeit und Geld* und über *Fähigkeiten*. Claudia hat Rücklagen, mit denen sie ihre Zeit als Referendarin überbrücken könnte. Sie hat einen Studienabschluss, der für das Lehramt anerkannt werden kann.

Zu unserem nächsten Treffen bringt Claudia einen präzise ausgearbeiteten Schlachtplan mit. Sie ist der erste Coachee, der mir von sich aus einen 1 000-Tage-Plan fertig »durchgeexcelt« auf den Cafétisch legt – mehr dazu erzähle ich Ihnen im nächsten Teil dieses Buches (ab Seite 169).

Keine Pflaster mehr

Kay ist Pflegeleiter in einem Krankenhaus und mit den Nerven am Ende: Das Gesundheitssystem ist seiner Einschätzung nach völlig krank und macht Krankenschwestern, Pflegern, vor allem aber Patienten das Leben und die Arbeit unnötig schwer. »Ich will raus aus dem Krankenhaus, ich will keine Medikamente mehr sehen, keine Verbände, keine Pflaster, keine Patienten. Ich möchte dabei helfen, das Gesundheitssystem zu verbessern, und dafür sorgen, dass Krankenhäuser wieder menschenfreundlich werden.« Das klingt wie die Vision zu einem großen Lebenswerk.

Was muss man dazu wissen und können? Wir kommen auf den Studiengang »Gesundheitsmanagement«. Kay beschließt, sich darüber zu informieren. Am Ende der Woche besucht Kay ein Samstagstreffen ehemaliger Traumjobsuchender im Talentcafé. Und siehe da: Hier trifft er jemanden, der sich in der Branche sehr gut auskennt: »Den Job, den du suchst, findest du bei Krankenkassen«, weiß er.

An diesem Abend diskutiert Kay lange über seinen Traumjob. Gleichzeitig wirft er alle seine Vorbehalte gegenüber dem Modetrend »Networking« vorbehaltlos über Bord.

Hegen und pflegen Sie Ihren Traumjob!

So weit ein kurzer Einblick in die Lebensgeschichten von Traumjob-suchenden, die an Coachings und Seminaren im Berliner Talent-café teilgenommen haben. Wenn Sie mehr Kontakte zu Traumjob-suchenden oder Gründern suchen, informieren Sie sich unter *www. talentcafe.de* oder unter *www.gruendercafe.de* über Treffen und Ver-anstaltungen. Jetzt geht es wieder nur um Sie: Um Sie und darum, wie Sie am besten zu Ihrem Traumjob kommen.

Doch vorher möchte ich Ihnen noch mein Lieblingsbild zeigen. Es hängt im Talentcafé an der Wand.

Der Apfelbaum ist zunächst nichts weiter als ein klitzekleiner Kern. Wenn er Glück hat, fällt er auf fruchtbaren Boden und entwickelt ganz, ganz langsam Wurzeln und Triebe. In den ersten Jahren ist er noch ziemlich klein und zerbrechlich – aber er wächst langsam und beharrlich weiter. Er trägt sein Muster schließlich in sich! Doch solange noch keine Äpfel an ihm reifen, ist alles ungewiss: Wird er jemals Früchte hervorbringen? Und wenn ja: Wie werden sie aus-sehen und wie werden sie schmecken?

Hegen, pflegen und schützen Sie Ihren Apfelbaum. Lassen Sie nicht zu, dass irgendjemand darauf herumtrampelt. Am besten ziehen Sie ein rot-weißes Absperrband um seinen Stamm. Haben Sie Geduld! Wenn Sie eines Tages im wahrsten Wortsinn von den Früchten Ihrer Arbeit leben können, wissen Sie, dass Sie es geschafft haben: Sie haben Ihr Talent in Ihren Traumjob verwandelt.

Teil 3

In 100 Tagen zum Erfolg

Von der Kunst, gute Pläne zu schmieden

Nun geht es ans Eingemachte: Sie haben Ihren Traumjob identifiziert – und jetzt? Jetzt brauchen Sie einen Plan, wie Sie Ihren Traum vom neuen Job in die Tat umsetzen können. Vielleicht schaffen Sie das in 100 Tagen, vielleicht geht es viel schneller, möglicherweise brauchen Sie aber auch einen etwas längeren Atem. Lassen Sie sich überraschen. Es gehört immer ein exzellenter Plan dazu, aber genauso auch ein wenig Glück und Zufall. Wie Sie einen 100-Tage-Plan aufstellen können, erfahren Sie im nächsten Kapitel – doch zunächst erkläre ich Ihnen die Grundlagen, über die ein guter Plan verfügen muss.

Wenn Sie erst einmal verinnerlicht haben, worauf es bei einem guten Plan ankommt, werden Sie damit nicht nur Ihrem Traumjob näher kommen, sondern auch sämtliche andere Ziele in Ihrem Leben leichter verwirklichen können. Das A und O ist das richtige Zeitmanagement. Aber gehören Sie vielleicht auch zu den Menschen, die schon fünf Bücher über Zeitmanagement gelesen und diverse Systeme ausprobiert haben, letztendlich aber doch immer wieder bei der alten Wurstelei angekommen sind? Das ging mir ganz ähnlich. Deshalb habe ich für mich eine Methode entwickelt, die sehr einfach und wirksam ist und meiner Liebe zu Zahlen entgegenkommt – und die ich Ihnen im Lauf dieses Kapitels gerne näher bringen möchte.

Probieren Sie aus, ob das Denken in Tagen, in mittleren und großen Zyklen und die Verankerung einzelner Themen im Kalender zu Ihnen passen. Wenn Sie anders denken und arbeiten, dann passen Sie das System gerne an Ihre Vorlieben an.

Zeitmanagement – warum überhaupt?

»Zeitmanagement ist nichts anderes als Selbstmanagement. Wer über Zeit redet, redet meist über sich selbst, über seine Ängste, seinen Erfolg oder Misserfolg und seine Langeweile.« So definierte Karlheinz Geißler, emeritierter Professor für Wirtschaftspädagogik und passionierter Zeitforscher, vor einigen Jahren eines der wichtigsten Modethemen der heutigen Zeit in einem Interview mit der *Frankfurter Allgemeinen Zeitung*. Geißler zufolge fördert Zeitmanagement die Illusion, der Mensch sei in der Lage, die eigene Zeitlichkeit zu überwinden. »Tatsächlich ließe sich in vielen Fällen Zeit dadurch sparen, dass man auf Zeitmanagement verzichtet.«

Manchmal stimmt das: erstens dann, wenn das Schreiben und Verwalten von Checklisten so viel Zeit in Anspruch nimmt, dass Sie kaum mehr dazu kommen, Ihre Aufgaben zu erledigen, und sich schon allein durch den Anblick Ihrer Listen so gestresst fühlen, dass Sie am liebsten alles hinschmeißen würden.

Zweitens kann Zeitmanagement hinderlich werden, wenn Sie Ihre Pläne wichtiger nehmen als sich selbst. Der Plan ist für Sie da, und nicht umgekehrt! Während Sie Ihren Traumjob Realität werden lassen, kann es durchaus sein, dass sich etwas ändert: Vielleicht ändert sich Ihre Einstellung, oder Sie ändern sich, oder etwas Unerwartetes geschieht. In einem solchen Fall gilt es nicht, die Realität gemäß dem Plan umzubiegen, sondern den Plan realitätstauglich zu halten. Das hat nichts mit Inkonsequenz oder gar Schwäche zu tun. Ich erinnere mich an einen passenden Spruch von Winston Churchill. »Konsequent ist, wer sich selbst mit den Umständen wandelt.« Diesen Spruch sollten Sie sich zu Herzen nehmen, wenn die Umstände es erfordern, dass Sie von Ihrem Zeitplan abweichen müssen. Doch ansonsten gilt, dass ein gut strukturierter Plan vieles einfacher macht – und dazu gehört auch, dass Sie von vornherein die gängigsten Stolpersteine in Ihre Planung mit einbeziehen und somit umgehen können.

Gut geplant ist halb gewonnen

Wenn Sie die kommenden Wochen gut strukturieren wollen, um mittel- oder langfristig tatsächlich bei Ihrem Traumjob zu landen, sollten Sie folgende Fallstricke kennen:

1. Zu viel auf der Agenda. Verplanen Sie nicht Ihre gesamte Zeit. Die meisten Bücher zum Thema Zeitmanagement empfehlen, rund 60 Prozent der Zeit zu verplanen, um alle möglichen Eventualitäten souverän zu puffern (Unterbrechungen, Pannen, Durchhänger etc.). Beobachten Sie am besten selbst, wie viel Ihres Plans Sie jeweils umsetzen können, und reduzieren oder erweitern Sie Ihre Agenda entsprechend.

2. Zu wenig Fokus. Nehmen Sie sich nicht zu viele verschiedene Dinge auf einmal vor – das gilt für Ihre Tagesplanung genauso wie für Ihre Wochen oder Ihren 100-Tage- oder 1 000-Tage-Plan. Wählen Sie wenige Themen aus und portionieren Sie die Aufgaben so, dass Sie immer ein erreichbares Teilziel vor Augen haben.

Bleiben Sie jedes Mal so lange an dieser Aufgabe dran, bis Sie sie tatsächlich erledigt haben. Ja, wirklich! Sonst liegen immer wieder nicht abgeschickte Bewerbungen oder angeforderte Unterlagen herum ... So kommen Sie nicht nur nicht weiter, sondern bekommen auch noch schlechte Laune. Also: Eins nach dem anderen wirklich fertig machen.

3. Zu viel Fremdsteuerung. Möglicherweise haben Sie zwar herausgefunden, wie Ihr Traumjob aussieht – aber Sie haben sich eine falsche Wegbeschreibung einflüstern lassen? Vielleicht durch Ihren Liebsten oder Ihre Eltern? Personen, die Ihnen nahestehen, sind nicht unbedingt Experten für Ihre Karriereplanung, auch wenn sie sich so aufführen und es sicherlich gut mit Ihnen meinen.

Prüfen Sie alle Hinweise von Freunden und Familienmitgliedern sehr genau! Das hat nichts mit Misstrauen zu tun, sondern mit

Ihrer Professionalität. Vielleicht hat Ihnen auch jemand eingeflüstert, dass Sie unbedingt in der Stadt bleiben oder das Land wechseln sollten? Oder dass Sie schon immer ein »einsamer Tüftler« waren? Wie auch immer: Bleiben Sie auf Ihrem Weg zu Ihrem Traumjob kritisch, und bleiben Sie bei sich selbst.

4. Unklares Ziel. Besonders wichtig: Ihr Ziel muss ganz klar sein, sonst können Sie es nicht erreichen. »Irgendwas mit Medien« kann genauso wenig Ihr Traumjob sein wie »irgendwo in Italien« ein Zielhafen für Ihre Segeltour.

Leben: Genuss statt Beschleunigung

Ihr Weg zum Traumjob kann sich zwar anfühlen wie ein Hürdenlauf, aber im Unterschied dazu kommt es nicht zwingend auf Ihr Tempo an. Hetzen Sie nicht, sondern genießen Sie Ihren Weg! Sonst machen Sie vielleicht schon auf halber Strecke schlapp, und das wäre doch jammerschade.

Das Ziel Ihrer Zeitplanung ist, dass Sie sich beharrlich immer weiter in Richtung Traum bewegen. Ihr Traumjob ist Ihr Polarstern. Die Kunst besteht nun darin, dieses Ziel in Ihrem Alltag zu verankern – wobei Sie phasenweise Tempo machen sollten und sich in anderen Phasen Ruhe gönnen können.

»Auch das Warten, die Wiederholung und die Langsamkeit können produktiv sein«, ist Zeitforscher Karlheinz Geißler überzeugt. »Die persönlichen Lebensziele lassen sich nur durch Zeitvielfalt miteinander in Einklang bringen.« Die eigene Familie oder gute Freunde etwa brauchen Langsamkeit. Wer sich im Gespräch mit diesen wichtigen Menschen keine Ruhe nimmt, verwandelt Muße in Meetings. Auch das eigene Schaffen braucht vielfältige Formen von Zeitqualitäten, so Geißler vor kurzem in einem Gespräch mit dem Bayerischen Rundfunk: »Wir müssen also schnell sein können, wir müssen aber auch langsam sein können. Wir müssen warten können, wir müssen aber auch wiederholen können. Wir müssen Pausen machen können, wir müssen aber auch wieder anfangen und dann etwas beenden können.«

Größer denken: Work-Life-Planning

Zumeist sprechen wir von *Work-Life-Balance* und nicht von *Work-Life-Planning* – vielleicht, weil *Balance* nach Harmonie und Wohlgefühl klingt und *Planning* schon wieder nach Arbeit. Trotzdem kommen wir mit diesem Schritt besser voran. Denn *Balance* hat man oder man hat sie nicht, und man kann diesen Zustand scheinbar nicht selbst steuern. Beim *Planning* ist das anders: Hier liegt der Fokus auf dem, was jeder Einzelne tun kann, um mit seinem Leben und mit seiner Arbeit zufrieden zu sein.

Die Rede von der Balance bringt ein weiteres Problem mit sich: Sie suggeriert, dass Leben und Arbeit jeden Tag und immer in Balance sein müssten, und wenn zwischen diesen beiden »Konkurrenten« dann einmal ein Ungleichgewicht herrsche, führe das dann automatisch zur Unzufriedenheit. Doch stellen Sie sich einmal vor, Sie steckten mitten in einem spannenden Projekt, an dem Sie jeden Tag zwölf Stunden hochkonzentriert und mit großer Freude arbeiten. Müssen Sie deshalb zwangsläufig unglücklich sein, weil Sie weniger Freizeit hätten? Natürlich nicht. Oder Sie nehmen sich zwei Wochen frei. Müssen Sie nun jeden Tag ein bisschen Fachliteratur lesen, damit Ihre Balance ausgeglichen ist? Wohl kaum.

Ausgeglichenheit ist eher im Längs- als im Querschnitt eines Lebens zu finden, schreibt auch Jochen Mai in der *Wirtschaftswoche*: »Machen Sie sich deswegen bloß keinen Stress. Solange die Waagschalen in Bewegung bleiben, leben Sie!«

Eigene Muster schaffen

Bewegung ist Leben. Aber das Leben braucht auch Ruhepunkte. Sie fühlen sich wie ein kleines Schiff, das von fremden Kräften gesteuert, wild durch die Wellen geschaukelt und niemals ordentlich instand gesetzt wird, wenn Sie kein Ziel haben, keinen Fahrplan und unterwegs keine sicheren Häfen.

Zeitrituale

Was Sie brauchen, um einigermaßen entspannt bei Ihrem Traumjob anzukommen, sind deshalb Routinen oder Zeitrituale. Bauen Sie auf die Rituale auf, die Sie schon haben (Sie haben bestimmt welche), bei Bedarf verändern und erweitern Sie Ihre Muster (dazu gleich mehr).

Die Zumutung, sich seine Zeit selbst und diszipliniert zu organisieren, ist übrigens ziemlich jung. Unsere bäuerlichen Vorfahren orientierten sich am Lauf der Sonne, des Wetters und der Jahreszeiten. Es blieb ihnen auch gar nichts anderes übrig, wenn sie nicht verhungern wollten. Selbst der Sonntag war durch Kirchgang, Sonntagsbraten und Familientreffen vorstrukturiert.

Wir haben uns von diesen Ritualen befreit, sind vielleicht froh darüber, fühlen uns zugleich aber ein wenig verloren. Kennen Sie das Gefühl? Der ungarische Philosoph Georg Lukàcs hat es einmal als »transzendentale Obdachlosigkeit« der bürgerlichen Welt bezeichnet. Schaffen Sie sich also ein neues Dach über dem Kopf mit eigenen Zeitritualen. Damit entlasten Sie sich selbst, und zwar aus folgenden Gründen:

- Sie müssen nicht permanent darüber nachdenken, was Sie wann und wie tun wollen – haben also mehr Zeit.
- Sie sind schlicht und ergreifend ausgeschlafener, wenn Sie einen

einigermaßen geregelten Tagesablauf schaffen – haben also mehr Energie.

● Sie haben feste Zeiten, in denen Sie etwas wegschaffen, verringern also die Nischen, in denen Sie herumtrödeln und sich später über sich selbst ärgern – haben also bessere Laune!

Sie können, wenn Sie mögen, sich Ihre Zeitrituale in mehreren Dimensionen einrichten.

An jedem Tag: Schaffen Sie sich Zeitinseln am Morgen, bevor Sie mit der Arbeit starten, und am Abend, wenn Sie nach Hause kommen. Richten Sie Routinen für gemeinsame Mahlzeiten ein, wenn das zu Ihrem Leben passt. Und geben Sie Ihrem Arbeitstag eine Struktur (Hilfen dazu finden Sie in Ratgebern zum Thema Zeitmanagement).

In jeder Woche: Schaffen Sie sich eine Wochenstruktur, die Ihrem Rhythmus entspricht. Ein Beispiel: Wenn Sie aus Ihrer Erfahrung wissen, dass Sie montags am Vormittag nie in der Lage sind, vernünftige Entscheidungen zu treffen – dann legen Sie sich einfache Sortiertätigkeiten auf diesen Termin. Haben Sie am Donnerstag Ihr Wochentief, dann gönnen Sie sich hier eine Runde Bewegung.

In jedem Monat, jedem Jahr: Vielleicht brauchen Sie in jedem Monat einen Abend in der Sauna, und in jedem Halbjahr ein Tages-Seminar mit Ihrem persönlichen Coach, und in jedem Jahr eine Wochenend-Jahreskonferenz mit sich selbst? Probieren Sie es aus.

Muster zähmen den inneren Schweinehund

Die von Ihnen geschaffenen Muster schleifen im Lauf der Zeit Spuren in Ihre Hirnstrukturen ein. Ist der Donnerstag Ihr Sporttag, dann speichert Ihr Hirn das so ab, dass Sie am Donnerstag unbedingt Sport treiben möchten.

Laut Jochen Mai funktioniert das auch mit Terminen. Wenn Sie sich bei einem Projekt absichtlich einen früheren Abgabetermin einprägen, dann akzeptiert Ihr Hirn diesen Termin, sodass Sie – so die Theorie – tatsächlich früher fertig werden und genug Zeit haben, noch an Kleinigkeiten zu feilen.

Doch wie kommt das Muster ins Hirn? Offenbar durch bewusstes Darandenken (»Ich muss am Freitag fertig sein, ich muss am Freitag fertig sein …«) und durch bewusstes Erinnern (überall Zettel aufhängen »Freitag: Abgabe!«). Das klingt vielleicht ein wenig zu einfach. Doch verspricht diese Methode auf jeden Fall mehr Erfolg, als sich permanent selbst zuzuraunen: »Das schaffe ich nie!«

Also: Anders denken, anders handeln. Sie schaffen das!

Mehr Energie dank Kuchen

Möglicherweise haben Sie das Gefühl, dass Sie kein bisschen Zeit haben, um Zeitrituale einzuführen, geschweige denn, Ihren Traumjob zu verwirklichen. Das kann tatsächlich sein, vor allem dann, wenn Sie zum Beispiel als *Working Mum* oder eingespannter Student mit zwei Nebenjobs den ganzen Tag herumhetzen. Trotzdem können Sie es schaffen, und zwar mit Kuchen (nein, nicht so, wie Sie jetzt denken).

Energiekuchen

Überlegen Sie sich, wie Ihre Tage und Wochen aussehen. Was tun Sie (Arbeit, Ausbildung, Studium, Kinder, Sport, Haushalt, Hobby und so weiter)? Was braucht wie viel Zeit? Teilen Sie jetzt den folgenden Kuchen mit einem Stift in Kuchenstücke ein, und zwar so, dass die Kuchenstücke in ihrer Größe der Energie entsprechen, die Sie in Ihre verschiedenen Lebensbereiche fließen lassen.

Wenn Sie eher intuitiv veranlagt sind, dann zeichnen Sie einfach drauflos. Die von Ihnen gefühlte Kuchenstückgröße reicht für einen ersten Überblick völlig aus.

Sind Sie aber ein eher analytischer Typ, könnte folgende Ausfüllhilfe für Sie hilfreich sein. Stellen Sie sich vor, dass Ihnen in einer Woche jeden Tag rund 15 Stunden zur Verfügung stehen (Sie brauchen ja auch Schlaf …). Sie verfügen also innerhalb von 7 Tagen über ein Budget von rund 100 Stunden, die Sie mit 100 Prozent gleichsetzen können. Auf dieser Grundlage lässt sich jetzt der Energiekuchen unten so ausfüllen wie die Tortendiagramme, die sie aus dem Wirtschaftsteil der Zeitung kennen.

Ihr Energiekuchen heute

Und jetzt zeichnen Sie noch einen Kuchen. Die Größe der einzelnen Kuchenstücke entspricht jetzt der Energie, die Sie in Zukunft in Ihre Lebensbereiche fließen lassen wollen.

Ihr Energiekuchen in Zukunft

Was heißt das konkret für die einzelnen Bereiche? Welche Tätigkeiten wollen Sie in Zukunft reduzieren, delegieren oder ganz über Bord kippen, um Ihren Traumjob realisieren zu können?

_____

_____

_____

_____

_____

Der 100-Tage-Plan

Ich liebe Zahlen und habe mir deshalb ein Planungssystem aus-
gedacht, das auf ganz besonderen Zahlen beruht: auf der Eins, der
Hundert und der Tausend. Ich habe großen Spaß an solchen Zah-
lenspielereien und plane daher am liebsten in folgenden Zyklen:

- **1 Tag**
- **100 Tage** – 14 Wochen – etwa drei Monate
- **1 000 Tage** – 33 Monate – etwa drei Jahre
- **10 x 1 000 Tage** – etwa 30 Jahre

So lassen sich große Ziele in ganz kleine Teilziele herunterbre-
chen – die 100 Tage zum Beispiel in etwa drei Monate – und letztendlich auch erreichen.

Doch bevor wir jetzt große Kalenderblätter ausrollen, sollten
wir einen Schritt zurücktreten und uns die Grundlagen der Zeitplanung anschauen. (Keine Angst, das ist kein bisschen langweilig.)

Erster Schritt: Den Rahmen klären

Ziel Ihrer Zeitplanung ist es, Schritt für Schritt Ihren Traumjob zu
realisieren. Das ist sonnenklar, und genau diese Annahme ist auch
schon Ihr erster Stolperstein. Denn Ihr Leben besteht nicht nur aus
Ihrem Traumjob, auch wenn dieses Thema im Moment ruhig auf

Platz eins stehen darf. Doch wenn Sie alles, was Sie tun, auf Ihren Job ausrichten, dann verlieren Sie ganz schnell Ihr inneres Gleichgewicht – und damit auch Ihren Traumjob. Deshalb brauchen Sie eine klare Vorstellung davon, auf welche Lebensbereiche Sie in Ihrem Plan den Fokus richten sollten.

Fokus

Dafür gibt es keine Patentlösung, aber viele praktische Ansätze. Steven Covey zum Beispiel schlägt in seinem Buch *Die sieben Wege zur Effektivität* vor, sieben Schlüsselrollen für sich selbst zu definieren. Zum Beispiel so:

- Frau auf der Suche nach Sinn
- Journalistin
- Mutter
- Musikerin
- Ehefrau
- Vorstandsmitglied des Elternzentrums
- Managerin der eigenen Immobilie

Für jede dieser Rollen, so schlägt Covey vor, sollten Sie zwei oder drei wichtige Ziele bestimmen, die Sie innerhalb der nächsten sieben Tage erreichen können, wobei einige dieser Ziele an längerfristige Lebensziele gekoppelt sein sollten. Diese Ziele werden dann bestimmten Wochentagen zugeordnet und dort als Termin eingetragen. An jedem Morgen sollten Sie jedoch überprüfen, ob es unerwartete Ereignisse, Beziehungen und Erfahrungen gibt, an die Sie Ihren Plan anpassen wollen.

Der iranisch-deutsche Psychotherapeut Nossrat Peseschkian wiederum hat in 16 unterschiedlichen Kulturkreisen nach Bereichen gesucht, die für ein glückliches Leben ausschlaggebend sind. Sein Ergebnis sind die *Vier Säulen der Lebensbalance*:

- Beruf und Finanzen
- Familie und soziale Kontakte
- Gesundheit und Fitness
- Sinn und Lebenswerte

Wenn Sie mögen, können Sie bei Ihrer Terminplanung den Fokus auf diese vier definierten Bereiche legen. Sie erreichen damit garantiert auf Anhieb eine recht gute Balance.

Ich habe meinen Fokus auf sechs Themen gelegt, weil diese am besten zu meinem Leben und meinen Plänen passen:

- Beruf
- Beziehungen
- Gesundheit
- Finanzen
- Hobby
- Ehrenamt

Ihr Fokus

Welche Bereiche möchten Sie in Ihrem persönlichen Terminplan abdecken? Legen Sie vier bis sieben Themenfelder fest.

Ihre Themen:

1. _____
2. _____
3. _____
4. _____
5. _____
6. _____
7. _____

Prioritäten

Vielen Menschen fällt es sehr schwer, spontan zu entscheiden, ob es hier und jetzt wichtiger ist, zuerst den Brief an die Versicherung fertig zu schreiben, endlich das Ferienhaus zu mieten oder ihren wichtigsten Kunden anzurufen. Die Entscheidung ist tatsächlich oft nicht einfach zu treffen. Denn einerseits müssen Sie Ihren Alltag bewältigen und andererseits gleichzeitig Ihren Traumjob wahrmachen. Was ist wirklich wichtig, damit Sie Ihr Ziel erreichen? Tun Sie die »richtigen Dinge« oder sind Sie hauptsächlich damit beschäftigt, »die Dinge richtig zu tun«? Damit sind wir beim Thema *Prioritäten setzen.*

Sind Prioritäten überhaupt wichtig? Dazu gibt es verschiedene Meinungen. David Allen, Autor des Buches *Wie ich die Dinge geregelt kriege,* sagt Nein. Er plädiert dafür, einfach alles aufzuschreiben, was getan werden muss, und es dabei nach Kontexten zu sortieren. Vor allem geht es darum, sich auf die Erledigung von Aufgaben zu konzentrieren, ohne ständig befürchten zu müssen, etwas vergessen zu haben.

Die meisten Zeitmanagement-Trainer unterstreichen indes: Ja, das Setzen von Prioritäten sei sehr wichtig, und propagieren eine Art Vier-Felder-Wirtschaft – zum Beispiel die Eisenhower-Methode. Diese wurde von US-Präsident Eisenhower entwickelt und schon so oft beschrieben, dass wir uns hier auf die Grundzüge beschränken wollen: Alle Aufgaben werden mit zwei Fragen geprüft:

1. Ist sie wichtig?
2. Ist sie dringend?

Daraus folgen vier Antwort-Kombinationen:

wichtig

Wichtig und nicht dringend	Wichtig und dringend
Mittel- und langfristige Projekte, die für Sie sehr wichtig sind: Ihr Traumjob! Diese Aufgaben sollten Sie sehr ernst nehmen und sich intensiv damit beschäftigen.	Krisen, Deadlines. Dies sind häufig Termine, die Ihnen von außen aufgedrückt werden, die aber dennoch wichtig für Sie sind. Sofort erledigen!
Nicht wichtig und nicht dringend	Dringend, aber nicht wichtig
Reklame, Spam, Treffen mit Energieräubern. Diese Aufgaben sollten Sie ignorieren, entsprechende Unterlagen wandern in den Müll.	Dokumente supertoll formatieren, Schnäppchen jagen: Dies sollten Sie nach Möglichkeit delegieren.

dringend

Beobachten Sie einmal Ihren Alltag: Wie oft sind Ihre wichtigen Aufgaben plötzlich dringend? Und wie oft haben Sie dringende Aufgaben, die wirklich wichtig sind? Wenn Sie nicht gerade einen Autounfall hatten oder Ihr Computer plötzlich in Flammen aufgeht, müssten Ihre guten Pläne eigentlich dafür sorgen, dass durch Ihre kontinuierliche Arbeit an Ihren wichtigen Aufgaben diese gar nicht in die Schublade »Dringend!« rutschen können. Umgekehrt dürfte es kaum Aufgaben geben, die unwichtig und zugleich dringend sind.

Wichtig an Eisenhowers vier Schubladen ist lediglich die Erkenntnis, dass die für Sie allerwichtigsten Aufgaben sich *nicht* dadurch hervortun, dass sie unablässig »Dringend!« schreien, und genau deshalb können sie auch so schnell versehentlich im Aufgabenstapel untergehen. Deshalb arbeite ich persönlich lediglich mit einer einzigen Frage:

»Ist mir das in einem halben Jahr immer noch wichtig?«

So liegt der Fokus automatisch auf der großen Vision, und Sie können leichter über Ärger hinwegsehen, Probleme schrumpfen auf ein erträglicheres Maß oder verschwinden ganz. Ihr Traumjob ist eben viel wichtiger als die Beule im Auto, auch wenn das im Moment total ärgerlich ist.

Entscheiden Sie also selbst, ob Sie keine Prioritäten setzen wollen (wie David Allen) oder ob Sie arbeiten wollen wie Präsident Eisenhower oder wie ich. Entscheidend ist, dass Sie Ihre Prioritäten nicht nur setzen, sondern auch umsetzen. Zeitplanungsmeister Stephen Covey hat das sehr schön auf den Punkt gebracht: »Der Schlüssel liegt nicht darin, Prioritäten für das zu setzen, was auf Ihrem Terminplan steht, sondern darin, Termine für Ihre Prioritäten zu setzen.«

Pensum

Und damit sind wir beim nächsten Problem. Wie schaffen Sie es, Ihre Ziele nicht nur hübsch in Ihren Kalender zu schreiben, sondern diese auch tatsächlich zu erreichen? Oder anders gesagt: Was können Sie überhaupt in welcher Zeit schaffen?

Wichtig zu wissen: Was in einem Jahr zu schaffen ist, überschätzen die meisten Menschen. Gleichzeitig unterschätzen sie, was sie in 10 Jahren erreichen können. Das können Sie leicht überprüfen, indem Sie Ihre vergangenen 20 Jahre einmal Revue passieren lassen. Füllen Sie dazu einmal die Tabelle auf Seite 187 aus. Falls Sie noch nicht lange im Berufsleben stehen oder noch studieren, passen Sie die Tabelle an – in jungen Jahren verändert sich viel mehr in kürzerer Zeit. Rechnen Sie also nicht in 10-, sondern in 5- oder 2-Jahresschritten.

Was war wann?

Was?	Vor 20 Jahren	Vor 10 Jahren	heute
Was war mir wichtig?			
Was habe ich für mein Talent gehalten?			
Welche Qualifikationen hatte ich?			
Mit wem habe ich gelebt?			
Wie und wo habe ich gelebt?			
Wie und wo habe ich gearbeitet?			

Und? Wie sieht Ihre Bilanz aus? Wahrscheinlich wundern Sie sich, was Sie in den vergangenen Jahren geschafft haben, oder?

Und jetzt lassen Sie einige etwas kleinere Projekte Revue passieren, mit denen Sie regelmäßig zu tun haben. Welche Zeit kalkulieren Sie zum Beispiel ein, um eine Rechnung zu schreiben? Um einen wichtigen Anruf zu erledigen? Und wie lange brauchen Sie dann tatsächlich? Damit Sie sich selbst auf die Schliche kommen, führen Sie doch eine Weile einmal Buch über Ihre Tätigkeiten; auf der nächsten Seite finden Sie eine Tabelle mit Beispielen – ergänzen Sie die Tabelle mit weiteren Aufgaben.

◎ Tatsächlicher Zeitaufwand

Tätigkeit	Geschätzte Dauer	Tatsächliche Dauer
Angebot erstellen	30 Minuten	90 Minuten
Information im Internet suchen	10 Minuten	30 Minuten
Einen wichtigen Anruf erledigen	30 Minuten	60 Minuten

Probieren Sie beide Übungen ruhig einmal aus. Wahrscheinlich haben Sie dann folgende Erkenntnis: Kurzfristige Ziele vorsichtig formulieren, langfristige Ziele groß denken.

Zweiter Schritt: Jeder Tag zählt

Nun wissen Sie also, was für Sie wichtig ist, und haben ungefähr eine Ahnung davon, was Sie in welcher Zeit schaffen können. Wie kommen jetzt die Dinge, die Sie erledigen wollen, so in Ihren Kalender, dass Sie sie tatsächlich schaffen?

Den Tagen Themen geben

Die einfachste Methode: Ordnen Sie Ihre wichtigsten Themen (siehe die Tabelle, die Sie auf Seite 187 ausgefüllt haben) bestimmten Wochentagen zu. So schaffen Sie klare Muster in Ihrem Kalender und auch in Ihrem Hirn. Ich selbst beschäftige mich jede Woche mit sechs Themen, die ich auf die Tage verteile. An einem Tag nehme ich mir frei. Meine »Themenwoche« finden Sie hier. Wenn Sie möchten, können Sie sich daran orientieren und auf der nächsten Seite Ihre eigene Themenwoche erstellen.

Montag	Dienstag	Mittwoch	Donnerstag	Freitag	Samstag	Sonntag
Finanzen	**Ehrenamt**	**Beziehungen**	**Beruf**	**Frei**	**Gesundheit**	**Hobby**
Zeitplanung für die Woche und das Große und Ganze, Finanzplanung, Überweisungen, Termine bei der Bank	Dienstag kommt von Dienen, Einsatz für soziale Projekte und Stiftungen	Mittwoch steht für *Mit*einander, Treffen mit Familie und Freunden	Donnerwetter! Hier trommle ich am regelmäßigen Infoabend im Talentcafé für die Traumjobs	… für alles	Tag zum Sporttreiben, um die Gesundheit zu stärken, aber auch zum Einkaufen und um die Wohnung in Ordnung zu bringen	Zeit zum Lesen

Ihre Themenwoche

Jetzt sind Sie dran. Ordnen Sie in dieser Tabelle nun Ihre Themen bestimmten Wochentagen zu:

Montag	Dienstag	Mittwoch	Donnerstag	Freitag	Samstag	Sonntag

Das Erfolgsjournal

Damit Sie Ihre Wochen tatsächlich so strukturieren, wie Sie das jetzt beschlossen haben, und nicht montags fröhlich starten und am Mittwoch mit Ihren Gedanken völlig woanders sind (das geht den meisten Menschen so, die ihr Verhalten zu verändern versuchen), haben Sie die Möglichkeit, sich mit einem Detektivtagebuch selbst in der Spur zu halten.

Detektivtagebuch

Schreiben Sie an jedem Tag auf, was Ihnen heute gut gelungen ist. Setzen Sie sich mit einem schicken Notizbuch oder Ihrem Laptop an Ihren Lieblingsplatz – oder bleiben Sie an Ihrem Schreibtisch sitzen und benutzen Sie Ihren ganz normalen Computer. Hauptsache, Sie schreiben Ihre Erfolge auf, und zwar regelmäßig. Anfangs wird Ihnen das mehr als komisch vorkommen, aber im Lauf der Zeit werden Sie sich daran gewöhnen – und eine Überraschung erleben. Wahrscheinlich werden Sie sich immer besser auf das fokussieren können, was Sie jeden Tag überhaupt tun, und besonders auf das, was Sie wirklich gut können. Dann macht das tägliche Aufschreiben Spaß.

Falls Sie auch zu denjenigen gehören, denen ständig ein innerer Kritiker dazwischenquatscht, dann liefert Ihnen das Detektivtagebuch im Lauf der Zeit so viel *Selbstbewusstsein*, dass Ihr inneres Nörgelmännchen von ganz allein kleinlaut wird. Nicht Ihre Ziele geben Ihnen Selbstbewusstsein, sondern das, was Sie tatsächlich geschafft haben!

Und wenn es Ihnen schwerfällt, sich zu fokussieren, hilft Ihnen das Detektivtagebuch, in der Spur zu bleiben. Der Grund: Wenn Sie Ihre Erfolge protokollieren, sind Sie automatisch daran interessiert, jeden Tag auch etwas zu erreichen, was Sie aufschreiben können. Deshalb erreichen Sie auch mehr. Klingt fast zu einfach – bei den meisten Menschen funktioniert es aber.

Dritter Schritt: Entwerfen Sie Ihren 100-Tage-Plan

Zeitplanung – das klingt so mühsam, muss es aber gar nicht sein. Machen Sie ein Fest daraus! Genießen Sie Ihre Zeitplanungszeit, wie und wo auch immer Sie wollen, und entwerfen Sie Ihren ersten 100-Tage Plan.

Warum ausgerechnet 100 Tage?

Meistens denken wir in Monaten oder in Vierteljahren – und der 100-Tage-Plan orientiert sich im Grunde auch daran. 100 Tage entsprechen 14 Wochen, also etwa drei Monaten. Das ist genau eine Jahreszeit. Damit haben wir erstens einen übersichtlichen Zeitraum, in dem man etwas bewegen und ein messbares Ziel erreichen kann. Und, zweitens, einen ganz archaischen Zeithorizont.

Bevor die mechanische Uhr unsere Lebenszeit in Millisekunden zerhackte, war die Zeit an sich für die Menschen kaum ein Thema. Sie sprachen über das Wetter – das Wetter war gewissermaßen identisch mit der Zeit. Sie sprachen über Tag und Nacht und über den Wandel der Jahreszeiten. Die Zeitplanung orientierte sich ausschließlich an den Naturprozessen, weil es nicht darum ging, möglichst viel Gewinn in möglichst kurzer Zeit zu erwirtschaften, sondern darum, die Familie, das Vieh und die Vorräte vor Wind und Wetter zu schützen.

Ich bin davon überzeugt, dass eine Jahreszeit viel mehr Kraft hat als ein Sekundenzeiger. Deshalb meine Idee: Suchen Sie sich Ihre Lieblingsjahreszeit aus und schmieden Sie Ihren persönlichen 100-Tage-Plan für diesen Zeitraum. Starten Sie mit der Umsetzung zum Beispiel dann, wenn sich die ersten Frühlingsblumen zeigen, und freuen Sie sich über Ihr Ergebnis, wenn der Sommer da ist. Oder beginnen Sie mit den ersten bunten Herbstblättern und feiern Sie Ihren abgeschlossenen Plan im Silvesterschnee. Klingt das nicht großartig?

Ich erinnere mich immer wieder gerne an meinen ersten 100-Tage-Plan und daran, wie ich ihn verbracht habe.

Mein erster 100-Tage-Plan

Bei meinem ersten 100-Tage-Projekt habe ich mir am Anfang jeden Sonntag einen wunderbaren Kaffee im *Café Einstein* gegönnt, um für mich die große Frage zu beantworten: Was soll mein Lebenswerk sein? Welche Fußstapfen will ich in meinem Berlin hinterlassen?

Als ich endlich die Lösung hatte, feilte ich weiter an meinem Plan. Dabei ist etwas passiert, womit ich nicht gerechnet hatte: Ich bin in diesem Café heimisch geworden. Die Cafémitarbeiter kannten nach kurzer Zeit meinen Lieblingsplatz und meinen Lieblingskaffee, und mit der Zeit verwandelte sich die professionelle Höflichkeit in eine herzliche Zuneigung. Ich wurde zu einem Teil des Cafés – und die Cafémitarbeiter zu einem Teil meines Teams. Sie unterstützten mich und meine Arbeit durch ihre Anteilnahme und steckten mich mit einer wohltuenden Heiterkeit an.

Ein Thema für 100 Tage

Wählen Sie sich für jeden 100-Tage-Plan nur ein Thema aus. Dieses Thema ist Ihr Polarstern, der Ihnen den Weg anzeigt. So wissen Sie immer, wo Sie hinwollen und wo Sie im Moment stehen.

Ihr erstes 100-Tage-Ziel

Damit Sie sich besser vorstellen können, unter welchem Thema Ihr erster 100-Tage-Plan stehen könnte, hier einige Beispiele:

- Ich schreibe 20 exzellente Bewerbungen.
- Ich finde einen Praktikumsplatz.
- Ich bereite meinen Auslandsaufenthalt vor.
- Ich schreibe meinen Businessplan.
- …

Welches Thema möchten Sie zuerst in Angriff nehmen?

_____

_____

So kommen Sie Schritt für Schritt zu Ihrem Traumjob. Und wenn Sie Ihren Traumjob haben, können Sie auch ganz andere Herausforderungen in jeweils 100 Tagen meistern, zum Beispiel:

- Ich trainiere für den Halbmarathon.
- Ich nehme fünf Kilo ab.
- Ich lerne Grundkenntnisse in Italienisch.
- Ich spare 500 Euro.

Sie werden sich wundern, was Sie alles zustande bringen, wenn Sie sich selbst ein Geländer zu Ihrem Ziel hin bauen.

Teilziele setzen

Wichtig: Denken Sie nicht in einem 100-Tage-Block – das ist zu unübersichtlich. Verteilen Sie Ihre 100 Tage in Ihrem Kalender, sodass Sie sich auch an Monaten und Wochen orientieren können. Setzen Sie sich dann für jede Woche ein bestimmtes Teilziel. Das, und nur das, ist Ihre Priorität in dieser Woche. Dazu ein Beispiel: Angenommen, Ihr erstes 100-Tage-Ziel ist es, 20 exzellente Bewerbungen zu schreiben. Dann können Sie dieses große Ziel in 14 kleinere Wochenziele unterteilen:

100 Tage = 14 Wochen = etwa 3 Monate

- 1. Woche: Bewerbungsratgeber kaufen und lesen.
- 2. Woche: Zehn vielversprechende Adressen recherchieren.

- 3. Woche: Weitere zehn vielversprechende Adressen recherchieren.
- 4. Woche: Bewerbungsfotos und Mappen besorgen.
- 5. Woche: Zeugnisse besorgen.
- 6. Woche: Unterlagen sauber kopieren.
- 7. Woche: Lebenslauf schreiben und formatieren.
- 8. Woche: Anschreiben entwerfen.
- 9. Woche: Unterlagen mit einem Profi durchgehen.
- 10. Woche: Erste bis vierte Bewerbung schreiben.
- 11. Woche: Fünfte bis achte Bewerbung schreiben.
- 12. Woche: Neunte bis zwölfte Bewerbung schreiben.
- 13. Woche: Dreizehnte bis sechzehnte Bewerbung schreiben.
- 14. Woche: Siebzehnte bis zwanzigste Bewerbungen schreiben.

Zugegeben, für die eigentlichen Teilziele werden Sie nicht immer jeweils eine ganze Woche benötigen. Doch so können Sie sicher sein, Ihr großes Ziel in jedem Fall zu erreichen, denn es kann immer wieder etwas Unvorhergesehenes passieren – das wissen Sie vielleicht aus eigener Erfahrung. Oder verläuft Ihr Leben nach Plan? Es ist eher die Regel als eine Ausnahme, dass ständig etwas dazwischenkommt. Vielleicht hat Ihr Frisör Ihre Frisur vermasselt – und schon müssen Sie Ihr Bewerbungsfotoprojekt verschieben. Oder Sie bekommen den Termin für den Check Ihrer Bewerbungen nicht in der gewünschten Woche. Vielleicht liegen auch Ihre Kinder zwei Wochen mit einer Grippe flach, Sie müssen überraschend auf eine Dienstreise oder Ihr Studium funkt mit einer interessanten Exkursion dazwischen. Irgendwas ist immer.

Lassen Sie sich davon nicht aus der Bahn werfen, sondern bleiben Sie beharrlich bei Ihrem Ziel. Schichten Sie Ihre Teilziele immer wieder um, improvisieren Sie, holen Sie sich Hilfe – letztendlich geht es immer doch, wenn auch anders als anfangs gedacht. Und wenn Sie tatsächlich sogar merken, dass Sie schneller vorankommen als geplant, können Sie Ihren 100-Tage-Plan natürlich auch entsprechend anpassen.

Erfolge feiern

Und dann ist es so weit: Sie haben Ihre 20 exzellenten Bewerbungen sauber eingetütet, mit den schönsten Sonderbriefmarken etikettiert, mit Samthandschuhen zur Post gebracht – und geschafft!

Und jetzt? Am besten feiern Sie sich nun eine Runde selbst. Spendieren Sie sich einen gemütlichen Kaffee oder lassen Sie mit Ihren besten Freunden die Korken knallen! Dann haben Sie viel mehr Spaß, Ihren nächsten 100-Tage-Plan auszuhecken.

An die Erdbeerregel denken

Übrigens: Nehmen Sie sich doch einfach mal 100 Tage frei! Geht nicht? Wirklich nicht? Es geht viel mehr, als Sie denken! Und apropos denken: Vergessen Sie bitte nicht die Erdbeerregel: Arbeiten Sie immer nur so viel an der Verwirklichung Ihres Traumjobs, dass es Ihnen gut bekommt. Sie können ja auch nicht jeden Tag von morgens bis abends Erdbeeren essen. Machen Sie alles in Maßen!

1 000 schöne Tage

Wenn Sie an Mathematik so viel Freude haben wie ich, dann haben Sie den 100-Tage-Plan bestimmt schon längst weitergedacht – und im Geiste zehn 100-Tage-Pläne aneinandermontiert.

100-Tage-Pläne eignen sich hervorragend, um kleinere Projekte zu Ende zu bringen. In unserem Café zum Beispiel haben wir in 100 Tagen die Idee zum ersten Keksautomaten der Welt entwickelt, die Details recherchiert, die Kekspackungen entworfen, den Inhalt gebacken, den Automaten aufgebaut und eine Einweihungsparty gefeiert.

Was aber, wenn Sie Größeres vorhaben? Dann brauchen Sie größere Themen für größere Pläne, und zwar 1 000-Tage-Pläne. Was lässt sich in dieser Zeit schaffen? In diesen rund drei Jahren können Sie, wenn alles gut geht, zum Beispiel

- eine Ausbildung abschließen,
- einen Karriereschritt schaffen,
- ein eigenes Unternehmen aufbauen,
- nach der Elternzeit im Job neu durchstarten,
- umziehen und in Ihrer neuen Stadt heimisch werden.

Zwei 1000-Tages-Etappen haben mich zu den Punkt geführt, an dem ich heute stehe. Die ersten 1000 Tage habe ich gebraucht, um ein großes Netzwerk von Kekskunden aufzubauen. Dies war und ist die Basis für das Talentcafé, so wie es heute in Berlin steht. Das Café mitsamt seinem Seminarbetrieb ist ebenfalls in 1000 Tagen entstanden. Und selbstverständlich läuft im Moment der nächste 1000-Tage-Plan – aber das Ziel verrate ich an dieser Stelle noch nicht.

Warum 1000 Tage?

1000 Tage sind ein genauso willkürlich gesetztes Zeitfenster wie 100 Tage – aber ein bisschen Zauberei ist dennoch dabei. Sicherlich kennen Sie die Sammlung orientalischer Erzählungen *Tausendundeine Nacht*, die mit dieser magischen Zahl spielt. Oder die Blume *Tausendschön* (gemeint ist das Gänseblümchen). Es kursiert der Aberglaube, dass jedem, der getrocknete Gänseblümchen bei sich trägt, die am Johannistag (24. Juni) mittags zwischen 12 und 13 Uhr gepflückt wurden, keine wichtige Arbeit schiefgehen soll (ich persönlich vertraue ja eher meinen Plänen als getrockneten Gänseblümchen). Ein *Tausendsassa* ist jemand mit vielen Begabungen (auch wenn das so viele sind, dass er ein wenig unglaubwürdig wirken mag). Und *Tausend Jahre* kommen in volkstümlichen Erzählungen vor (vor allem in Bezug auf das Alter von Bäumen, zum Beispiel bei der »tausendjährigen Eiche«) und in vielen Redewendungen (»Tausend Mal!«).

Kurz: 1000 ist eine beeindruckende Zahl, weil man sie sich zunächst nicht recht vorstellen, aber letztendlich doch (als Buch, als Baum, als Plan) begreifbar machen kann. Sie können 1000 Tage in den Griff bekommen, Sie können gestalten, jeden Tag, und am Schluss haben Sie ein größeres Ergebnis, als Sie sich zunächst vorstellen konnten.

Große Ziele setzen

Auf der rechten Seite finden Sie einen Vorschlag für eine 1000-Tage-Tabelle. In das Themenfeld links können Sie Ihre persönlichen »Baustellen« eintragen, die Felder stehen für Zwischenetappen und Ziele offen. Nicht vergessen: auf jeden Fall reale Daten (Tage, Monate, Jahre) eintragen. Ich persönlich fülle meine 1000-Tage-Pläne mit meinen sechs Lieblingsthemen:

- Beruf
- Beziehungen
- Gesundheit
- Finanzen
- Hobby
- Ehrenamt

Was möchten Sie eintragen? Die Tabelle in diesem Buch ist natürlich viel zu klein. Am besten entwerfen Sie eine eigene. Legen Sie Ihren Plan so an, dass Sie Ihre Zwischenetappen bei Bedarf immer wieder anpassen können. Dabei ist es ganz interessant, wenn Sie Ihren ursprünglichen Plan nicht löschen, sondern so weiterschreiben, dass Sie nach drei Jahren noch sehen können, wie er sich im Lauf der Zeit verändert hat. Hilfreich ist es übrigens, wenn Sie sich in Ihrem normalen Timer eintragen, wann genau Sie sich mit Ihrem 1000-Tage-Plan beschäftigen wollen – sonst gerät der ganze schöne Plan in Vergessenheit.

Tage:	100		200		300		400		500		600		700		800		900		1000	
Themen	Soll	Ist	Soll	Ist	Soll	Ist	Soll	Ist	Soll	Ist	Soll	Ist	Soll	Ist	Soll	Ist	Soll	Ist	Soll	Ist
Beruf																				
...																				

Mit Beharrlichkeit zum Ziel

Zeitexperte Stephen Covey hat den sehr schönen Satz geprägt: »Die wirkliche Herausforderung liegt nicht darin, die Zeit zu managen, sondern uns selbst.«

Tatsächlich ist es ja gar nicht so schwer, einen Plan für 100 oder 1 000 Tage aufzustellen, das richtige Pensum festzulegen, die richtigen Prioritäten zu setzen. Je nach Ihrem Naturell können Sie es aber als geradezu übermenschliche Anstrengung erleben, sich überhaupt aus den warmen Bettfedern zu wälzen, sich an Ihren Schreibtisch zu setzen und, wenn Sie endlich dort angekommen sind, Ihren liebsten Onlineshop wegzuklicken, um endlich Ihre Bewerbung zu schreiben. Das ist völlig menschlich, machen Sie sich nichts draus – aber machen Sie etwas dagegen.

Keine Angst vor der Angst

Fühlen Sie sich mitten auf Ihrem Weg zum Traumjob plötzlich berufen, vier Stunden lang Fenster zu putzen, dann hat nicht etwa Ihr Gehirn einen Knacks bekommen – im Gegenteil. Es meldet sich mit aller Macht, um seine eingefahrenen Muster zu schützen. »Hey, ich will keinen neuen Job! Du sortierst jetzt seit 14 Jahren Bibliotheksbestände, und ich habe so schöne Muster angelegt, damit du diesen Job mühelos erledigen kannst. Bring mich nicht durcheinander!«

Es ist normal, dass neue Herausforderungen nicht nur Lust machen, sondern auch Angst. Tatsächlich wissen Sie ja nicht, was auf Sie zukommt. Ihr Traumjob könnte sich als Albtraum entpuppen, oder er könnte Ihnen noch viel mehr Spaß machen, als Sie sich das jemals vorgestellt haben. Alles ist möglich.

Nehmen Sie Ihre Angst ernst, aber lassen Sie sich von ihr nicht ins Bockshorn jagen. Sie sind der Chef in Ihrem Leben, nicht Ihre Angst. Geben Sie sich die Chance, einen Schritt weiterzukommen. Denn auch wenn Sie mit diesem nächsten Schritt zunächst einmal scheitern, kann er doch der entscheidende Schritt hin zu Ihrem Traumjob sein.

Ein bisschen Scheitern gehört immer dazu. Und aus den Biografien vieler prominenter Menschen wissen wir, dass es oft diese Erfahrung des Scheiterns war, die den Funken zum Traumjob gezündet hat (brillant zu diesem Thema das Buch von Christiane Zschirnt: *Keine Sorge, wird schon schiefgehen: Von der Erfahrung des Scheiterns und der Kunst, damit umzugehen*).

Stellen Sie Ihr Traumjobteam auf

Sie können nun die Ärmel hochkrempeln, Ihre Fäuste in Boxhandschuhen ballen und Ihre Angst ganz alleine niederkämpfen. Das müssen Sie aber gar nicht – Sie sind ja nicht allein auf der Welt!

Spielen Sie also ein bisschen Superstar und stellen Sie sich ein Team aus persönlichen Trainern und Beratern zusammen, die Ihnen mit geeinten Kräften den Rücken stärken – und im Falle eines Falles das Händchen halten und eine Hühnersuppe kochen.

Denken Sie dabei an Ihre Freunde und an Ihre Familie, an frühere Lehrer, an Kollegen und auch an entferntere Bekannte, denen Sie vertrauen. Lassen Sie sich mit der Auswahl viel Zeit und gehen Sie sehr überlegt vor. Denn jeder Ihrer Mentoren muss sehr hohen Anforderungen genügen:

Offenheit. Sie brauchen Unterstützer, die auch für ungewöhnliche Ideen offen sind – die sich also vorstellen können, dass man mit einer Berufskombination aus Keksbäckerin und Traumjobdetektivin erfolgreich sein kann. Auch Weltoffenheit gehört dazu. Wenn Ihr Traumjob sich nicht im Vorort von Detmold verwirklichen lässt, dann heißt das noch lange nicht, dass Sie ihn nicht haben können.

Selbstlosigkeit. Ihre Mentoren sollten Interesse daran haben, *Sie* zu fördern, und nicht etwa eigene Interessen oder Vorlieben ins Spiel bringen.

Intelligenz. Wenn es um Traumjobs geht, gehört die Fähigkeit, um die Ecke zu denken, zur Basisausstattung eines jeden Mentors.

Emotionale Stärke. Haben Sie einen Durchhänger, sollten Ihre Unterstützer nicht mit Ihnen zusammen in die Knie gehen, sondern Sie auffangen und unterstützen.

Empathie. Sie brauchen ein starkes, aber auch verständnisvolles Gegenüber, wenn Sie sich kurz vor Ihrem Ziel plötzlich irrational verhalten (was durchaus möglich ist).

Mut und Unabhängigkeit. Wollen Sie ein eigenes Unternehmen gründen, nutzt Ihnen ein sicherheitsorientierter Staatsdiener als Berater wenig. Suchen Sie sich Mentoren, die Risiken realistisch einschätzen und Ihnen helfen können, vernünftig mit ihnen umzugehen.

Wissen. Je besser sich Ihre Unterstützer mit Finanzierungsfragen, Organisations- und Rechtsfragen auskennen, desto mehr Fallstricke können Sie rechtzeitig erkennen und vermeiden.

Gute Vernetzung. Ideal ist es, wenn Ihre Mentoren selbst sehr gut in der Branche vernetzt sind, in der Sie mit Ihrem Traumjob-Projekt landen wollen.

Vereinbaren Sie mit den einzelnen Vertretern Ihres Traumjobteams regelmäßige Treffen, in denen Sie Ihre Fortschritte vorstellen, über konkrete Probleme sprechen und jeweils nächste Schritte vereinbaren können. Keine Sorge: So etwas wie eine Prüfungsatmosphäre oder Erfolgsdruck müssen hier gar nicht aufkommen. Im Gegenteil: Machen Sie auch aus diesen Treffen jeweils ein kleines Fest – warum nicht wieder in Ihrem Lieblingscafé?

Ausblick: Lebenssinn

Ich selbst habe viele Jahre gebraucht, um herauszufinden, was ich wirklich kann: denken, rechnen, kreativ sein und damit Probleme lösen. Und was ich wirklich mag: Ich liebe Berlin, ich liebe Cafés und alle Menschen, die ich darin treffen kann. Meine Motivation ist, mit dem Talentcafé und allem, was an Ideen und Projekten damit verknüpft ist, Menschen immer wieder zu inspirieren und zu bewegen, ihren Traumjob zu entdecken und ihrer Berufung zu folgen.

Und jetzt sind Sie dran! Ich hoffe, dass Sie für sich den Satz »Eigentlich wär ich gern ...« vervollständigt und damit Ihr eigenes Traumjobgeheimnis gelüftet haben.

Ich wünsche Ihnen ein wunderbares Leben mit einem wunderbaren Traumjob, wie wild, ungewöhnlich und herrlich er auch immer sein mag. Besuchen Sie mich gerne unter *www.talentcafe.de* oder in meinem Detektivhauptquartier in Berlin, um mir von Ihrer Suche und Ihren Erfahrungen zu erzählen! Ich freue mich auf Sie!

Danksagung

Mein Traum vom eigenen Café als Ort zur Berufsfindung, das nicht nur Kaffee und Kekse verkauft, sondern auch noch ein Social Business ist, bekam viel Kraft, als ich Vanessa Kullmanns Buch *Keine große Sache* gelesen habe. Sie hat ihre Unternehmensidee verwirklicht und die Balzac-Cafés eröffnet. Auf einmal wusste ich: So etwas geht also! Vielen Dank, Frau Kullmann!

Außerdem hat mich mein Besuch der wunderbaren Greyston Bakery in New York (www.greystonbakery.com) sehr inspiriert. Diese Bäckerei stellt Schokobrownies her – nein, mehr als das, es sind wirklich »super-premium gourmet brownies« – und finanziert mit dem Erlös Jobs, Wohnungen und Bildungsprogramme für die Menschen in Yonkers. (Die absolut faszinierende Geschichte und Philosophie dieser Bäckerei haben Bernard Glassman und Rick Fields in ihrem Buch *Anweisungen für den Koch* beschrieben.) Vielen Dank also auch an das Greyston-Team!

Jetzt muss ich weiter ausholen: Vielen Dank an meinen Vater, der sein angeborenes Tüftler-Genie auf seine ganz eigene Weise auslebt. An meine Mutter, die mich mit ihren wunderbaren Marmorkeksen zu meiner Unternehmensidee inspirierte. An meine Trainerinnen und Trainer, die mir das Überspringen von Hürden beibrachten. An meine Freundinnen und Freunde, die mir so wichtig sind, obwohl ich zwischen Backblechen und Schreibtisch oft viel zu wenig Zeit für sie habe.

Ganz herzlich möchte ich mich auch bei Nicole Müller bedanken, die als wundervolle Traumjobdetektivin das Talentcafé in Berlin leitet, bei Anne Jacoby, die die Hintergründe der Detektiv-Methode recherchiert und formuliert hat und bei Anne Stadler und Juliane Wagner vom Campus Verlag, die das ganze Projekt überhaupt möglich gemacht haben.

Vor allem aber gilt mein Dank den vielen Menschen, die zu uns ins Talentcafé kommen, Kekse essen und gemeinsam mit uns ihre Traumjobs entdecken. Es gibt nichts Schöneres für mich auf der Welt, als zu sehen, wie ihre Talente Flügel bekommen und sich zu den wunderbarsten Traumjobs verwirklichen. Danke!

Literatur

Bolles, Richard Nelson: *Durchstarten zum Traumjob. Das ultimative Handbuch für Ein-, Um- und Aufsteiger.* Frankfurt/New York 2009.

Csikszentmihalyi, Mihalyi: *Flow im Beruf. Das Geheimnis des Glücks am Arbeitsplatz.* Stuttgart 2004.

Covey, Stephen R.: *Die sieben Wege zur Effektivität. Prinzipien für persönlichen und beruflichen Erfolg.* Offenbach 2010.

Despeghel, Michael: *Lebe Deinen Life-Code. Mühelos fit und gesund. Das Programm für einen typgerechten Lebensstil.* Frankfurt/New York 2007.

Erpenbeck, John; Rosenstiel, Lutz von (Hg.): *Handbuch Kompetenzmessung.* Stuttgart 2007.

Erpenbeck, John; Heyse, Volker: *Die Kompetenzbiographie. Wege der Kompetenzentwicklung.* Münster u. a. 2007.

Glassman, Bernard; Fields, Rick: *Anweisungen für den Koch. Lebensentwurf eines Zen-Meisters.* Hamburg 1997.

Glaubitz, Uta: *Der Job, der zu mir passt. Das eigene Berufsziel entdecken und erreichen.* Frankfurt/New York 2009.

Gulder, Angelika: *Finde den Job, der Dich glücklich macht. Von der Berufung zum Beruf.* Frankfurt/New York 2007.

Haken, Hermann; Schiepek, Günter: *Synergetik in der Psychologie. Selbstorganisation verstehen und gestalten.* Göttingen 2006.

Hall, S.: »Kulturelle Identität und Globalisierung.« In: Winter, R. und Hörning, K-H. (Hg): *Widerspenstige Kulturen. Cultural Studies als Herausforderung.* Frankfurt am Main 1999.

Jacoby, Anne: »Tiger oder Maus? Keine Angst vor Typentests.« In: *F.A.Z. Hochschulanzeiger*, 20. März 2006.

Keupp, H., Ahbe, T., Gmür, W.: *Identitätskonstruktionen. Das Patchwork der Identitäten in der Spätmoderne.* Reinbek 1999.

Knoblauch, Jörg; Wöltje, Holger: *Zeitmanagement.* Planegg 2007.

Kruse, Peter: *Next Practice. Erfolgreiches Management von Instabilität. Veränderung durch Vernetzung.* Offenbach 2005.

Kullmann, Vanessa: *Keine große Sache. Coffee to go oder wie man den Traum vom eigenen Unternehmen verwirklicht.* München 2008.

Lückert, Heinz-Rolf; Lückert, Inge: *Leben ohne Angst und Panik. Ursachen und Symptome erkennen und überwinden.* München 2000.

Münchhausen, Marco von; Püschel, Ingo: *Zeit gewinnen mit dem inneren Schweinehund.* München 2008.

Pfister, Dieter: »Wie Change- und Raumgestaltungs-Management verbunden werden können.« In: *OrganisationsEntwicklung,* 3/2008, S. 55 bis 65.

Rückert, Hans-Werner: *Schluss mit dem ewigen Aufschieben. Wie Sie umsetzen, was Sie sich vornehmen.* Frankfurt/New York 2002.

Senge, Peter M.: *Die fünfte Disziplin.* Stuttgart 2008.

Sennett, Richard: *Der flexible Mensch. Die Kultur des neuen Kapitalismus.* Berlin 1998.

Sher, Barbara: *Wishcraft. Lebensträume und Berufsziele entdecken und verwirklichen.* Osnabrück 2009

Stednitz, Ulrike: *Mythos Begabung. Vom Potenzial zum Erfolg.* Bern 2009.

Steinlein, Christina: »Kein Weg zurück.« In: *Focus online* 24.11.2009.

Wegener, Claudia: *Medien, Aneignung und Identität. »Stars« im Alltag jugendlicher Fans.* Wiesbaden 2007.

Register